El arte de estar bien

Con base en las enseñanzas de Tenzin Gyatso, el XIV Dalai Lama

Kalama Sadak

BODHI

EL LIBRO MUERE CUANDO LO FOTOCOPIAN

COORDINACIÓN EDITORIAL: Matilde Schoenfeld
PORTADA: Víctor M. Santos Gally
DIAGRAMACIÓN: Ediámac

© 2007 Jorge García Montaño
© 2011 Editorial Pax México, Librería Carlos Cesarman, S.A.
   Av. Cuauhtémoc 1430
   Col. Santa Cruz Atoyac
   México, D.F. 03310
   Tel. 5605 7677
   Fax 5605 7600
   editorialpax@editorialpax.com
   www.editorialpax.com

Primera edición en esta editorial
ISBN 978-607-7723-27-1
Reservados todos los derechos
Impreso en México / *Printed in Mexico*

En memoria
de mis *brothers*:
Arturo Galván Sánchez
y Manuel Gutiérrez Vidal

*No persigas
lo que no viene a ti.*

DICHO POPULAR TIBETANO.

*No identificarse con lo que es agradable
ni identificarse con lo que es desagradable;
no mirar a lo que es placentero
ni a lo que no es placentero,
porque en ambos lados hay dolor.*

EL BUDA, *DHAMMAPADA.*

ÍNDICE

PRESENTACIÓN

Una de las enseñanzas más conmovedoras y radicales del dharma budista es el principio de la inmanencia: en todos los seres están las semillas de la iluminación, la posibilidad del despertar, de morar en la felicidad (*sukha*) y la alegría (*ananda*), de vivir en armonía con lo que surge y cesa momento a momento y de tomar las acciones compasivas necesarias para actuar en el mundo a favor de todos los seres sintientes.

En un universo como el actual, aparentemente decaído, cansado e incierto, está también la posibilidad de la transformación y del encuentro con el aspecto más noble, bondadoso y luminoso del ser humano. Más que una religión o filosofía a seguir, el Budadarma aparece como linterna que nos permite ver lo que siempre ha estado presente y no hemos visto. El dharma budista enseña a abrir los ojos y comprender que la sabiduría está ahí en el corazón y la mente de todo ser humano, sólo se requiere que alguien, a través de la palabra directa, escrita o mediante sus acciones, nos brinde herramientas para lograr ese "despertar".

Muchas son las historias del ingenio de Buda para convencer a sus discípulos de que abrieran los ojos y vieran la verdad: a unos bastó con mostrarles una flor, con otros fue necesario el arte del discurso elaborado, para muchos la recomendación de reglas y preceptos a seguir. Para convencer al asesino serial Angulimala de cambiar el rumbo de su vida fue suficiente con que el Buda caminara lenta y majestuosamente mientras que Angulimala, quien deseaba matar al Iluminado, corría y corría sin poder alcanzarlo y gritaba: "¡Detente!" Y Buda contestó amablemente: "yo ya he parado; ¿cuándo lo vas a hacer tú?" En ese momento Angulimala pidió formar parte de la comunidad monástica y alcanzó la felicidad suprema.

Buda compartió sus hallazgos no solamente con sus discípulos de la sangha monástica sino con cualquier persona dispuesta a escuchar, y lo hizo en un contexto tan complejo como el de hoy en día. Quien supone que la India de ese entonces resplandecía por el aura radiante de un sinnúmero de ascetas, místicos e iluminados, está equivocado. Pugnas políticas y religiosas estaban a la orden del día, igual que ahora, lo mismo que guerras, inundaciones, enfermedad y muerte. Estos fenómenos eran recurrentes, al mismo tiempo que diversas escuelas espirituales buscaban seguidores y los sabios andaban de ciudad en ciudad divulgando su sabiduría a través de la palabra.

Y el mensaje de Buda hizo eco en muchos lugares, rebasando las fronteras de la India antigua con el resto del mundo y albergándose en el corazón de ascetas, comerciantes, reinas, esposas, campesinos, e incluso gobernantes como el rey Asoka. Una vez que el budismo se implantó en Nepal, Tíbet, China, Japón y Sri Lanka, tomó formas diferentes: desde la simplicidad de sentarse y observar lo que surge y cesa, hasta la ejecución de los elaborados rituales tibetanos. El budismo se mantiene vivo, sobre todo en Occidente, donde su enseñanza tiene un impacto notable, y en gran medida gracias al constante peregrinaje de los maestros tibetanos. Entre ellos, destaca Tenzin Gyatso, el XIV Dalai Lama, quien ha iluminado con sus enseñanzas el corazón y la mente de miles y miles de occidentales; el carácter práctico de sus enseñanzas conduce a lograr la paz, la alegría y el bienestar del mundo, aparecen a nuestros ojos no como una esperanza lejana sino como algo cercano. ¿Quién no desea estar bien, viviendo en sukha y ananda?

Kalama Sadak, inspirado por la sabiduría y compasión de Buda Shakyamuni y del XIV Dalai Lama, nos abre una puerta a la comprensión del BudaDarma con énfasis en las enseñanzas para el logro del bienestar, inspirándonos para emprender el viaje que nos puede conducir a abrir los ojos y ver que la transformación comienza en uno mismo. Cuando Buda Shakyamuni dio su discurso de las cuatro nobles verdades hizo girar la rueda del dharma, y desde entonces nos llegan enseñanzas como las de este libro, prácticas y humanas, sencillas y desafiantes pero sobre todo humanas y alcanzables.

Jñanadakini
Ciudad de México

INTRODUCCIÓN

El presente libro es continuación de otro que se publicó con el título *La pesadilla del samsara*, en el que disertamos sobre el concepto de dukha: el estado de malestar y desajuste que se extiende en todos los aspectos de la vida como un agónico distanciamiento entre nuestros estados mentales y la realidad tal como es. *La pesadilla* trata del lado oscuro y pesimista de la experiencia existencial humana que estudia la doctrina budista; si bien al final se abordaron cuestiones de la mente de luz clara y la trayectoria espiritual del bodhisattva, estos temas desempeñaron un papel de vínculo con la presente obra. Ahora se expone, con base en los libros del Dalai Lama señalados ya en el primer libro, el lado claro y optimista de la experiencia vital de sabiduría y compasión que cultiva el budismo.

Por tanto, *El arte de estar bien*[1] presenta las diversas vertientes que ofrece el budismo para salir y superar la pesadilla del samsara, que significa desaparecer las perturbaciones

---

[1] Este título es un homenaje, a manera de analogía, de dos textos del Dalai Lama que tienen un nombre similar: El arte de vivir el nuevo milenio y El arte de la compasión. Vea la bibliografía al final del libro.

y aflicciones mentales y emocionales que provienen individualmente del apego, la aversión y la ilusión, o en términos sociales: de la codicia, el odio y la ignorancia. Todos estos venenos mentales y colectivos son producto del ego, la centralidad del yo y el ensimismamiento y sólo pueden superarse cuando el crecimiento espiritual se convierte en una aventura de la mente y de las emociones. El budismo constituye en este sentido una fuente inagotable de satisfacción, conciencia y gozo ecuánime capaz de hacer brotar de la mente más estrecha y obtusa y del corazón más duro y malvado un ser de convincente sabiduría y gran compasión. Miles de ejemplos dan constancia de esta transformación que realiza el budismo cuando las personas transitan de la confusión a la claridad, de la maldad a la bondad, pero sobre todo del ensimismamiento egoísta a la compasión y al amor y cuidado por el prójimo.

El Dalai Lama dice en casi todas sus conferencias que la naturaleza propia de todo ser sintiente es buscar la felicidad y huir del sufrimiento; se trata del instinto básico y universal de todo organismo consciente. Pero entonces ¿por qué los seres humanos seguimos caminos con los cuales creemos llegar a la felicidad y satisfacer nuestros deseos y terminamos con resultados desastrosos que sólo saturan la vida de sufrimiento e insatisfacción? ¿Porqué los programas, planes y metodologías que usamos para alcanzar la felicidad son tan evidentemente erróneos?

Creemos que poseyendo, adquiriendo e identificándonos con los objetos externos del mundo que nos resultan atractivos y agradables, anhelados, lograremos la satisfacción y la felicidad. En parte, si uno tiene fortuna en la vida, puede ser que consiga esos objetos deseados, pero aun así, más temprano que tarde nos veremos sumergidos de nuevo en la insatisfacción, porque esos objetos, tan apreciados y codiciados, nunca terminan por ser lo que nuestros deseos egoístas quieren que sean.

El ser humano lleva siglos buscando la felicidad por medio de la satisfacción de sus necesidades y deseos, pero extrañamente esa búsqueda se ha convertido en una de las principales razones del sufrimiento, en cuanto esa búsqueda obstruye la felicidad deseada o cuando amenaza y lesiona nuestro ego, nuestro patrimonio y hasta nuestras ideas que consideramos de máxima valía. Éste es el gran error: buscar la felicidad afuera y responsabilizar a los objetos externos de nuestros sufrimientos.

Vale la pena hacer una síntesis del proceso de este gran error que cometemos los seres humanos por siglos y siglos. Los pensamientos son una manifestación de la energía mental que requiere tomar formas en conceptos y categorías, los cuales definen, a su vez, las fronteras nominales de lo que separa a las otras formas mentales. De esta manera designamos los objetos externos y evitamos confusión entre nosotros: una silla no es una mesa; un manzano no es un palmar; una casa no es una lámpara; los objetos externos son reasignados como signos conceptuales por el pensamiento, funcionan como materia prima y como estímulos primarios para los seis sentidos. Constituyen el campo espacial donde el ser humano se pone en contacto con el mundo.

Ese contacto de los sentidos con el objeto externo tiene tres vertientes. Si el contacto sentido-objeto resulta placentero, deseable, entonces la mente genera una acción de apego, de aferramiento hacia ese objeto, nominándolo como satisfactorio; en cambio, si el contacto es desagradable, la mente genera una acción de aversión, de rechazo hacia ese objeto insatisfactorio; los pensamientos tienden a desligarse de él. Por último, si el contacto de algunos de los sentidos con algún objeto externo no produce una sensación agradable ni desagradable, los pensamientos tienden a la indiferencia y por tanto a ignorarlo.

El problema se presenta cuando se produce el apego o la aversión, pues los objetos externos adquieren características singulares que aparecen como cualidades inherentes de éstos, pero en realidad son imputaciones que hace la mente: es de esta manera que nos hemos inventando una realidad ilusoria, engañosa: partimos de que los pensamientos y emociones son la realidad.

Para complementar convincentemente este proceso de imputación de cualidades subjetivas a los objetos externos, se requiere que la mente de apego y aversión se acompañe de una emoción. Las emociones son cúmulos de pensamientos que se dan en dos direcciones: por un lado, cuando ese cúmulo de pensamientos se presenta de una manera caótica y perturbada, entonces estamos seguramente frente a una acción mental de apego o de aversión; por otro lado, cuando el cúmulo de pensamientos de una emoción se da ordenada y tranquilamente, entonces estamos ante una acción mental de amor y compasión.

Por tanto, las perturbaciones mentales se dan precisamente cuando surgen los pensamientos de apego y aversión que pretenden hacer aparecer a los objetos externos como si fueran entidades sólidas, seguras y permanentes porque sólo así se pueden adherir o ser rechazados por el pensamiento. Pero esto no es posible. Todo objeto externo tiene la cualidad universal de ser cambiante y absolutamente inestable. A una acción de apego hacia un objeto externo considerado como elemento de felicidad, le acompaña una escalda estados mentales de decepción, frustración y ansiedad. El objeto deseado, causa hipotética de felicidad, cambia, y con el tiempo, o con los accidentes, sufre un proceso de decadencia inevitable hasta llegar a su desintegración. Los cambios consustanciales a las leyes del universo demuestran, mediante la experiencia del sufrimiento, que los objetos que el pensamiento creía causa de felicidad, no lo son realmente; y en un momento determinado, se trasmutan en causa de sufrimiento.

Para que los objetos externos funcionen de esa manera en cada uno de nuestros seis sentidos (vista, olfato, gustativo, auditivo, táctil y mental), es decir, como causantes de nuestros errores de percepción, el pensamiento se tiene que hace a la idea de que los objetos externos son en realidad entidades independientes, no relacionadas con otros objetos, como si existieran por sí mismos, con existencia inherente. Únicamente así los objetos externos se pueden concebir como entes susceptibles de apego o aversión, cuando nos gustan o nos disgustan, respectivamente. Pero todo este mecanismo es ilusorio por la sencilla razón de que los objetos externos así presentados no existen, pues son insustanciales, simple vacuidad.

Por tanto, la verdadera felicidad sólo puede encontrarse en el interior de los seres humanos. Quizás algunas a veces tengamos adherencia a objetos deseados que satisfagan una u otra necesidad real o imaginaria, pero ese objeto no es seguro ni estable; en cualquier momento cambiará y a partir de ese instante el deseo se frustrará y se verá impedido para seguir realizándose, lo que causará sufrimiento ineludiblemente.

En este contexto, este libro parte de la premisa de que la felicidad duradera y consistente sólo es posible si la buscamos dentro de nosotros mismos. El camino espiritual se basa en los estados mentales internos que repercuten en el mundo externo; en cambio, el camino materialista se sustenta en el mundo externo proyectándose hacia el interior de los seres humanos. Afuera sólo hay objetos y condiciones favorables o desfavorables; el sufrimiento está en función de cómo la mente responde a esas condiciones según la relación entre nuestra percepción y los objetos externos.

Cuando se busca la verdadera felicidad dentro de uno mismo, o bien cuando se cultiva la mentalidad de paz, tranquilidad y compasión, se inaugura el camino del desarrollo espiritual. Se puede decir entonces que Buda ha tocado a las puertas de nuestros seis sentidos, y nos avisa que estamos en el camino de la sabiduría y la compasión, y que nuestra mente trasciende nuestros limitados pensamientos de apego y aversión.

Este libro se conforma de seis capítulos; para que el lector tenga una idea del conjunto de la obra se sintetiza su contenido en los siguientes párrafos. El primer capítulo se centra en cuestiones generales sobre la visión de la doctrina budista respecto al discurrir existencial e incluye además una breve semblanza del Dalai Lama, de quien provienen la mayoría de las ideas que sustentan este libro. En el capítulo dos se indaga, dentro de su discurso, qué fuerzas y qué condiciones existen para que la búsqueda de la felicidad y la alegría sean uno de los principales promotores del crecimiento espiritual en las personas. La contraparte de los estados mentales de *dukha* es *sukha*: la felicidad nacida de los esfuerzos humanos por el progreso y el bienestar espiritual. Aquí la idea sustantiva estriba en que por mucho tiempo las sociedades y las personas han creído que la felicidad se encuentra en objetos externos, cuando en realidad se trata de un estado mental y, por lo tanto, de una cuestión interna, aunque lo externo ayuda también y quizá sea un requisito indispensable para la felicidad espiritual: salud, educación, casa y alimentación son condiciones materiales que favorecen la felicidad verdadera.

Para el logro de una felicidad duradera y sustentable a largo plazo se requiere asimismo un estado de tranquilidad o paz interna. La clave para tener una mente feliz es, en efecto, la paz. Pero para ello hay que eliminar o reducir a su mínima expresión las resistencias a los flujos, a la dinámica propia de la existencia; esto es, aceptar con sabiduría y compasión la dinámica de los cambios que sufren tanto los objetos deseados como los de aversión, y también los ignorados. Esta manera de ver la vida implica suprimir los pensamientos, las palabras y las acciones egocéntricas, así como anular al ego como el centro de las consideraciones de los seres humanos.[2] En fin, la idea consiste en suprimir el ensimismamiento de la mente.

En la medida en que se logra destronar el ego interno como lo más importante en la vida y, por ende, sustituirlo por una visión de la vida compasiva y amorosa, se da la posibilidad real de una mente alegre, de un estado de *ananda*, capaz de superar los condicionamientos sociales y mentales

---

[2] En las escuelas budistas se parte de que en los seres humanos existen seis sentidos, o conciencias particulares: vista, olfato, gusto, oído, tacto y mente. Cada sentido posee a su vez sus propios objetos de percepción, su campo específico externo, o códigos particulares de existencia: para la vista, las formas; para el oído, los sonidos; para el olfato, los olores, y así en los demás; para la mente, los pensamientos. Cada sentido, por tanto, es una conciencia, una ventana al mundo que se moviliza en función de tres tipos de sensaciones: agradable, desagradable y neutro. Frente a lo agradable producimos apego; frente a los desagradable, generamos aversión; y frente a lo neutro, indiferencia.

que han definido previamente los hábitos y las costumbres derivados de la codicia, el odio y la ignorancia.

En todo ser humano existen las probabilidades reales de cultivar a través del tiempo estados mentales de felicidad y de sufrimiento. Pero ¿qué hace que unas personas tengan una mayor tendencia hacia el sufrimiento y otras hacia la felicidad? El capítulo tres, titulado "El karma como resultado de las acciones" procura responder esta pregunta. El karma, dentro del sistema doctrinario del budismo, significa literalmente "acción"; hace referencia a la volición, esto es, la resolución de la voluntad que se traduce en actos saludables o nocivos generados por el cuerpo, la palabra y la mente. Por eso el karma resulta de las acciones efectuadas en el pasado. Las causas del porqué se experimentan una situación determinada en el presente, se encuentran en las acciones del pasado. El dolor o la alegría proceden de actos previos.

El Dalai Lama expone con elocuencia el tema del karma ya que distingue de forma clara lo que se puede llamar "destinos manifiestos" y los procesos resultantes de las "culpas" a los que son proclives a la psicología y la ideología modernas. Las experiencias de frustración e insatisfacción, así como las sensaciones de paz y alegría provienen de predisposiciones y tendencias de acciones anteriores, que se forman en el continuo de la conciencia; metafóricamente, pueden verse como surcos mentales ya existentes en la conciencia de las personas.

Para trascender y superar los efectos kármicos de las acciones del pasado, se debe comprender la importancia del llamado adiestramiento mental. En la Escuela Mahayana, en la que se ubica el Dalai Lama, se definen tres áreas de ese adiestramiento que son objeto de exposición en el tercer capítulo. La primera se refiere al mundo de la disciplina ética y moral hoy en día tan devaluada y mal comprendida, pero que en el discurso del Dalai Lama se resume en una actitud de no hacer daño a los demás, a nosotros mismos y al medio ambiente. La segunda área es la práctica de la concentración (*samadhi*) y de la meditación (*vipassana*), que son la estabilización de la atención mental en un objeto determinado y la capacidad de la conciencia para observar de manera directa y clara los fenómenos del universo, tanto internos, esto es, dentro de la mente, como externos, en las formas y cuerpos de la energía material e inmaterial. La sabiduría constituye la tercer área del adiestramiento budista, comprendida no como un cúmulo de datos sobre un tema determinado, sino como una metodología subjetiva que permite vislumbrar y descifrar las características de los diversos estados de las personas, los hechos, las situaciones y los objetos.

Para el desarrollo y crecimiento sostenido de las tres áreas del adiestramiento mental budista, el Dalai Lama destaca la interacción entre cada una de ellas; esto significa que las posibilidades de perfeccionar la vida está en función de si las acciones respetan de manera absoluta cualquier tipo de existencia, para lo cual se adiestra la mente por medio de la meditación a fin de experimentar la apertura, aceptación y claridad en la conciencia; gracias a estos estados transparentes y lúcidos, uno tiene la capacidad de interpretar las ideas, pensamientos, sentimientos y emociones de manera ecuánime, prescindiendo de los tres venenos: el apego, la aversión y el engaño.

En el sendero espiritual existen dos modos de afrontar la vida: el primero es circular, repetitivo; el segundo, progresivo, de una forma parecida a la espiral que asciende. En el primer modo predomina el hábito, patrones mentales, la costumbre y un sistema de ver el mundo por medio de dualidades enfrentadas, por ejemplo: malo y bueno, positivo y negativo, dulce y agrio, yo y los demás, entre muchas otras dualidades polarizadas. En el segundo modo, la conciencia comprende cada vez más las realidades que vivimos caracterizadas por la impermanencia y la indeterminación.

Ahora bien, la doctrina budista considera que la mente es la única energía indestructible y está compuesta por luz clara, conciencia y conocimiento. Pero ella no se sustenta en la nada, sino que requiere, como toda energía, un cuerpo donde tomar forma y sentido del movimiento perenne que la define, que es justamente el cerebro y las redes nerviosas con las que cuenta el organismo humano. Para conocer la mente y sus cualidades se requiere "darse cuenta de que se da cuenta", la llamada conciencia en sí, que es la condición *sine qua non* para sentir paz interna, base del arte de estar bien.

Sin duda alguna, para el entrenamiento de las prácticas antes señalas se necesita un paso previo: iniciarse e instruirse bajo diversas didácticas y técnicas pedagógicas. El capítulo cinco está dedicado precisamente a las consideraciones que ha hecho el Dalai Lama respecto a las maneras de conocer el budismo en Occidente.

La principal tradición en la transmisión del dharma budista consiste en la enseñanza por la palabra hablada, la práctica pedagógica entre maestro y alumno. Así el budismo no sólo ha logrado perpetuarse durante más de dos milenios y medio, sino que cada linaje y escuela le adhiere a los conocimientos las improntas personales y culturales de los maestros. El budismo tibetano que predica el Dalai Lama se basa en gran parte en textos y documentos; se trata de una enseñanza más académica y analítica en comparación con otras escuelas budistas e inclusive con otras religiones. Pero también se valora el conocimiento directo producido por diversas prácticas meditativas, especialmente las consideradas de la práctica de la profunda reflexión. Así que las tres didácticas del budismo pueden resumirse en la transmisión oral, la meditación y el estudio. El Dalai Lama se desenvuelve en cada una de ellas de manera destacada.

En el último capítulo se realizan reflexiones sobre lo que el Dalai Lama denomina una espiritualidad laica y la libertad. Se retoman aquí sus ideas que en torno al problema de las religiones y a la moralidad que proponen. Cabe señalar que sólo 20% de la población mundial practica una religión, de aquí que una parte importante de las pláticas públicas del Dalai Lama discurra sobre cómo proponer y realizar una ética de amor para no religiosos. También se abordan los problemas del deterioro ecológico y el de la violencia. Al final del capítulo se resumen las principales propuestas del Dalai Lama para nuestra época.

El libro contiene una serie de anexos a fin de profundizar en las enseñanzas del Dalai Lama. Se presentan dos sutras básicos en el Budadarma, las famosas estrofas de Langri Tangpa, una ceremonia budista y tres meditaciones que forman parte de la invitación que hace el Dalai Lama en muchas de sus pláticas y conferencias, especialmente la meditación Tong-len, quizá a la que más recurre.

Espero que este libro, que se ubica en la línea del optimismo y de la certidumbre en el desarrollo espiritual, en contraste con el anterior, *La pesadilla del samsara*, y también sea útil y práctico para el lector deseoso de conocer las propuestas de Buda; que contribuya a trascender la confusión, los engaños y la explotación irracional entre los humanos y de los recursos naturales. El propósito está encauzado a levantar la esperanza en la vida cotidiana ante las tragedias y malentendidos que se dan en la sociedad.

Por último, quiero agradecer a varias amigas y amigos que por los méritos logrados coincidimos en este camino hacia un desarrollo espiritual, con el objeto de ser hábiles en el arte de estar bien. Entre ellos Upekshamati, de la Orden Budista de Occidente, coordinador de los retiros budistas en el Monasterio Benedictino de Ahuantepec, Morelos, México, en los que he tenido participación. Asimismo, a Patricia Ríos, Yolanda Corona, Odette Macías, Laura Espinosa, Sofía Gallardo, Norma Bocanegra, Socorro Menchaca, Antonio Díaz, Sergio Stern, Thuluz Meza, Gustavo Maciel, José Antonio González y a mi maestro de meditación Kavindu; a todos les agradezco sus palabras, tiempo y amistad.

Cuando escribía este libro no puede dejar de lado en mi memoria la nostalgia que brotaba por las experiencias de felicidad de mi infancia y de mi adolescencia gracias a la singular alegría y gratos recuerdos que vivimos, siempre y junto, con la *banda de la esquina* de hace más de tres décadas en Mexicali, Baja California, México. Por lo tanto, este libro es un homenaje a esa amistad y cariño que perdura toda la vida. Con estima para Juan José (*Juancho*) Sánchez Soler, José (*Pepe*) González, Eduardo (*El Negro*) y Eliseo (*Ebris*) Muñiz Márquez, José Armando (*Chino*) García Franco, Antonio (*Toronjas*) Elizondo Corral, Francisco (*Pancho*) Delgado, Eduardo (*La Yegua*) Postlethwaite Duhagon, Adrián (*Mengy*) Manjarréz, Jorge (*El Bugs*) Rosas Gutiérrez, Agustín (*Chocho*) Sosa, Wally Iruretagoyena, Gerardo Campillo (*Motitas*), Adalberto (*Foca*) Walter, Alfredo (*Bebo*) Hermosillo, Alfredo (*El Yany*) Ramírez, Alejandro (*Avestruz*) Díaz de León y Francisco (*Poky*) García Montaño, mi carnal.

Mi sincero agradecimiento, como ya se ha vuelto costumbre, por el arduo trabajo de corrección de estilo y estructura gramatical de Alejando Soto.

Me he esforzado por ser fiel y apegarme lo más exactamente posible a las enseñanzas del Dalai Lama, aunque en verdad resulta casi imposible no deslizar ideas e hipótesis personales cuando el contexto lo permite; por lo tanto cabe la posibilidad de haber errado en muchos temas y consideraciones, por lo cual pido una disculpa al lector y a los eruditos en diversos temas budistas.

Por lo demás, cabe asentar que el contenido de este libro queda bajo mi plena y total responsabilidad.

Finalmente, para aquellos lectores, grupos, centros o instituciones interesados en organizar conferencias, talleres y cursos por parte del autor, por favor consulten el recuadro al final del libro o directamente en la página web www.kalamas.org.mx.

Buddham saranam gacchámi
(Tomo refugio en el Buda)
Dhammam saranam gacchámi
(Tomo refugio en el Dharma)
Samgham saranam gacchámi
(Tomo refugio en el Sangha)
Oh mani pame hum.

EL BUDISMO COMO UNA PERSPECTIVA VITAL

El Dalai Lama en el contexto del budismo actual

Sin lugar a dudas Tenzin Gyatso, el XIV Dalai Lama, es uno de los más destacados representantes y divulgadores del budismo actual; su largo contacto con Occidente, después de su exilio del Tíbet en 1953, lo ha hecho un expositor extraordinario de esta doctrina. Él es un ejemplo de las enseñanzas de Buda Shakyamuni.

Siddartha Gautama era su nombre laico; hijo del rey Sudodana, que gobernaba a los sakyas, quienes habitaban la región que hoy es Nepal. Su madre se llamaba Maya. El joven príncipe se casó, por orden de su padre, con Yasodara, con quien tuvo un hijo llamado Rahula.

Desde que nació Siddartha, los adivinos consultados por su padre pronosticaron que iba a ser un gran rey o una gran personalidad que vendría a enseñar una nueva religión. Contraviniendo estos vaticinios, su padre se propuso aislarlo del mundo exterior, rodearlo de lujos y comodidades para que se educara como heredero de las tierras de los sakyas.

Después de haber nacido su único hijo, Siddartha superó por fin los límites materiales y morales que su padre le había impuesto para que no conociera el mundo exterior; tal era la obsesión de Sudodana que había prohibido que dentro del palacio hubiera enfermos o viejos, y tampoco permitía realizar actos funerarios. Pero este paraíso artificial tenía que sucumbir un día ante el carácter impetuoso de Siddartha y de la realidad.

El joven príncipe escapó en cuatro ocasiones de su palacio y descubrió la existencia del sufrimiento mundano. En su primer viaje al pueblo vio a una persona encorvada, que llevaba el paso lento e inseguro: era un viejo. En su segunda salida escuchó unos gemidos de dolor dentro de una pobre casa; y ahí conoció por primera vez a un enfermo. En su tercera huida observó asombrado una procesión funeraria y el cuerpo de una persona fallecida que era llevada al panteón por sus amigos y familiares. Sumamente afectado al conocer estos sucesos cotidianos, recorrió por cuarta vez los alrededores de su palacio y se encontró con un mendicante religioso, que con su paso tranquilo y una sencilla sonrisa iba por la calle, sin prisa alguna, lleno de paz.

Con estas cuatro experiencias, que pueden ser interpretadas como una toma de conciencia sobre la vida, el príncipe Siddartha decidió abandonar el palacio y con ello los sueños de su padre; se retiró al ascetismo en un bosque para buscar las causas del sufrimiento y el sendero espiritual hacia la felicidad. Durante casi siete años estuvo practicando todos los yogas que existían en aquel entonces para poder encontrar las causas y las condiciones que producían aquellos cuatro eventos observados en sus experiencias cuando salio fuera de su palacio. Era costumbre en esa época flagelar al cuerpo para dejar que el alma se manifestara y así aclarar las verdades del mundo. Así lo hizo Siddartha también, pero como no lograba alcanzar sus metas quedó desconcertado ante el fracaso para superar los sufrimientos.

Un día estaba acostando debajo de un árbol, cuando se le apareció una bella aldeana; ésta lo vio en un estado tan maltrecho que decidió darle unas gotas de leche de cabra y una taza de arroz. Siddartha recuperó fuerzas, y estando al lado de un río observó que en una barca iba un músico que afinaba su instrumento, de tal suerte que las cuerdas no quedaran muy tensas porque se rompen, ni muy blandas porque no darían tono. Fue entonces cuando Siddartha se dio cuenta de que así debía proceder: sin irse al ascetismo extremo ni a los placeres obsesivos mundanos. Descubrió el camino medio.

Ya recuperado de sus amargos años de asceta se refugió en otra ocasión debajo de un árbol para sentarse a meditar con la firme convicción de no levantarse de ahí hasta lograr la plena explicación de las causas y las condiciones del sufrimiento y encontrar las fórmulas para eliminarlo. Y así lo hizo. Cuando ya contaba con 35 años, y luego de largas noches y días de retiro meditativo debajo de ese árbol, sometido a toda clase de tentaciones y depresiones, alcanzó la iluminación. Se había sentado como Siddartha Gautama, y se levantó como Buda Shakyamuni. Buda significa "El despierto" por haber alcanzado el más alto desarrollo espiritual de sabiduría y compasión que es posible en la tierra.

Más tarde, ya convertido en Buda, dudaba sobre qué hacer con las verdades encontradas, porque esas verdades eran diametralmente opuestas a las enseñanzas que por siglos y siglos venían dando los brahmanes a sus pueblos; los sacerdotes hindúes dominantes de aquellos tiempos. Pero Buda decidió, a pesar de todo (y quizá también a pesar de él), enseñar el nuevo camino que había descubierto para alcanzar el bienestar, e instaurar una práctica que superara el sufrimiento cimentando las causas y las condiciones duraderas de la paz y la felicidad. Así fundó nuevas comunidades, llamadas sangha, que hasta hoy en día se instituyen no sólo en Oriente, sino también en Occidente.

La enseñanza de Buda es simple y quizá por ello revolucionó los conceptos religiosos confusos y arrogantes de su tiempo. Él enseñó a apreciar la pobreza y a desprenderse de los bienes materiales; antepuso la humildad a la soberbia; preconizó la sencillez ante ceremonias y rituales ostentosos. En pocas palabras, enseñó a no dañar a nadie, así fuera el peor enemigo, y estableció que el odio, el engaño y la codicia son estados pasajeros que pueden dejar de existir de manera definitiva. Descubrió que el deseo posesivo y la ansiedad constituyen la causa primaria de los sufrimientos humanos; los deseos son la causa que provoca que los seres humanos se dañen unos a otros, y al que se deben la explotación y la miseria existente.

Fueron 45 largos años dedicados a la predicación de su doctrina.[3] Enseñaba sin incurrir en discriminación alguna. Su sabiduría era tal que adaptaba sus palabras, parábolas y cuentos pedagógicos según el tipo de auditorio. Fue escuchado lo mismo por santos que por ladrones, por reyes y artesanos, por campesinos y por errantes. Muchos de ellos formaron sus legiones de *bhikkhus* (monjes) y numerosos

---

[3] Existen diversos libros biográficos de Siddartha Gautama como Buda Shakyamuni, entre los que destacan: *Buda*, de H. W. Schumann, Ariel, España, 2002; y el de Sangharakshita, *¿Quién es el Buda?* de la editorial Fundación Tres Joyas, España, 1994.

laicos fueron también excelentes discípulos de Buda. Murió a los 80 años tranquilo, acostado y diciéndoles a sus más cercanos discípulos las siguientes palabras: "Sean su propia luz, sean su propio abrigo. No vayan a buscar fuera el refugio. Sostengan de manera decidida la verdad como una lámpara. Sostengan sólidamente la verdad como un refugio. No busquen ningún refugio fuera de ustedes. Preserven atentamente".[4]

Como era de esperarse, al morir Buda los monjes que lo habían seguido paso a paso, se encontraron en la incertidumbre de qué hacer. El budismo, que en aquel entonces era llamado simplemente el dharma verdadero, o sea la realidad de las cosas, se extendió de la India hacia Ceilán, Birmania, Camboya y Tailandia. Más tarde también se profesó en Laos y Vietnam, para luego tomar un extraordinario auge, casi diez siglos después, en los países del Tíbet, China, Japón, Mongolia y Corea, incluyendo algunas naciones mongoles de la vieja Unión Soviética. Desde mediados de los años cincuenta del siglo XX y a causa de la invasión imperialista china al Tíbet, en la mayoría de los países de la Europa actual, como Inglaterra y España, así como en Estados Unidos, se ha iniciado una acelerada expansión del budismo, principalmente en sus vertientes zen y tibetana.[5]

Algunas culturas adoptan el proceso budista concentrado en la liberación personal, que preconiza la escuela Hinayana;

---

[4] El Buda, en los sutras de *El libro del gran deceso*. También en *The Buddha's Way*, de H. Saddatissa. Traducido al español por Alianza Editorial, Madrid, 1974.

[5] Para una reflexión seria y profunda de lo que ha sido la doctrina budista en el mundo occidental moderno es muy interesante leer el libro de David Brazier, *El nuevo budismo*, editorial Oberón, Madrid, 2001.

otras toman el camino budista de lograr la iluminación para ayudar a los demás a salir del campo tormentoso del samsara, como lo propone la escuela Mahayana, y otras recorren un sendero más complicado y esotérico, como lo promueve el Tantrayana o Vajrayana, nombre que ha tomado en la actualidad, basado en ejercicios espirituales. Hoy en día se estima que más de 300 millones de personas profesan el budismo como una religión.

El Dalai Lama enseña lo que se conoce como budismo tibetano, el cual no es muy apreciado como tal por los mismos tibetanos, pues los más doctos de esta doctrina afirman que el budismo que ellos profesan es en realidad un budismo que mezcla de forma autóctona todas las enseñanzas de Buda, y que, por ende, el budismo tibetano resulta una combinación de las enseñazas antiguas del Hinayana, casi todas escritas en pali, de los sutras escritos en sánscrito del Mahayana, y de las enseñanzas secretas del Tantra, más orilladas a las prácticas prebudistas del Tíbet y muy cercanas a lo que se puede identificar como chamanismo en esa región del mundo.

Los principios básicos del budismo, la no violencia, el cultivo de la paz, la tolerancia y la compasión, han hecho que sea la única religión que no ha provocado guerra alguna en más de 2 500 años de existencia. La doctrina budista promueve de manera intensa la enseñanza de su ética, sus técnicas de meditación y su moralidad cotidiana con el fin de preservar en cada miembro estados de paz y una estable ecuanimidad existencial.

El budismo encontró gran aceptación en el Tíbet, un país con fuertes raíces mongolas, sólidas tradiciones guerreras y una población acostumbrada a la soledad y a largos periodos de penuria y escasez, dada su ubicación a una altura de alrededor de 4 000 metros,[6] y a su geografía montañosa, casi desértica.[7]

Los historiadores han definido tres grandes fases para el budismo tibetano. Entre el siglo VII y el IX se introdujeron al Tíbet las enseñanzas de Buda, provenientes sobre todo del norte de la India; del siglo X al XII el budismo se modificó y distorsionó con elementos esotéricos y supersticiosos incorporados por los gobiernos monárquicos de aquel entonces. Una segunda fase, que inició en el siglo XIII y culminó a finales del siglo XV, se llama el renacimiento budista del Tíbet. A partir del siglo XV y hasta el siglo XX conforma la era de los dalai lamas y de otras escuelas que consolidaron el budismo tibetano, hasta más o menos 1953, cuando China invadió al Tíbet destruyendo más de 6 000 monasterios y haciendo prácticamente clandestina la enseñanza y las prácticas budistas autóctonas en el país de las nieves.

A principios del siglo VII, el monarca Songtsan Gambo de Tíbet se casó con la princesa Wencheng de China y Nepal; gracias a este matrimonio se llevaron las primeras enseñanzas de Buda al Tíbet y se construyeron los primeros monasterios: Jokhan y Rampoche. Desde entonces hubo un traslado de maestros indios hacia el Tíbet que tradujeron la mayoría de los escritos budistas conocidos al lenguaje tibetano. Poco a poco, la filosofía y práctica budistas comenzaron a instalarse no sólo en el pueblo, sino también en los gobiernos. A mediados del siglo XI emergieron las principales

---

[6] Por eso se le conoce también poéticamente como el país de las nieves.

[7] Existe un excelente libro sobre la historia antigua y moderna del Tíbet, que incluye una amplia exposición fotográfica de su cultura antes y después de la introducción del budismo en esa tierra: *Arte tibetano*, de Amy Heller, Libsa, Madrid, 2001.

escuelas del budismo tibetano como Nyingma, Gedang, Sagya, Garyu y Gelug, a esta última pertenece el linaje de los dalai lamas. Hubo otras importantes escuelas que posteriormente desaparecieron o se fusionaron con alguna de las cinco anteriormente nombradas.

La escuela Nyingma, o escuela Roja, cuyo nombre se debe porque de ese color se visten sus monjes, es la más antigua de todas. Todavía existen hoy en día algunos linajes en China, India y Bután. En el siglo XV, la escuela Gedang se fusionó con la Gelug. Por su parte, la escuela Sagya, o escuela de las rayas, se fundó más o menos en el año 1100, y se distingue porque maneja la representación de las rayas rojas, blancas y negras que simbolizan al Buda de la Sabiduría, a la Diosa de la Misericordia y a los espíritus guardianes, respectivamente.

La escuela Garyu, o escuela blanca, se encuentra bajo la línea de las prácticas tántricas desde el siglo XI, y destaca porque en ella predomina la enseñanza oral. De hecho, Garyú significa literalmente "transmisión verbal". Sus fundadores fueron el Marba y Miha Riba.

Por último, la escuela Gelug, también llamada Gelupa, la escuela amarilla, fue fundada a principios del siglo XIV, y surgió por la expansión de las anteriores escuelas; su linaje se ha transmitido desde entonces por medio de los dalai lamas y de los panchens. Esta escuela se fundamenta en las enseñanzas de grandes sabios: Nagarjuna (siglos II y III), así como Shantideva, Yhe Tsongkhapa, Langri Tangpa, Chekhaua y Atisha (siglo VIII), iniciador del Lam Rim o Camino Gradual a la Iluminación, base de las enseñanzas de la escuela a la que pertenecen los dalai lamas.

El decimocuarto Dalai Lama, Tenzin Gyatso, jefe espiritual y político de los pueblos tibetanos, nació el 6 de julio de

1935, en el noreste del Tíbet; su nombre de niño fue Lha-mo Dhondup. De origen campesino, fue reconocido a los dos años de edad como la reencarnación del decimotercer Dalai Lama. Se le considera una encarnación de Avalokites-vara, el Buda de la Compasión, de ahí que la gente del Tíbet lo llama simplemente Kundun, "La Presencia".

En 1959 terminó su doctorado en filosofía budista, y logró el grado de geshe. Estudió en varias universidades mo-nacales como Drepung, Sera y Ganden; todas ellas se encon-traban a las fueras de Lhasa, la capital del Tíbet. En 1950, apenas con 16 años de edad, asumió el poder político del Tíbet debido a la urgencia de contar con un mandatario que pudiera afrontar la reciente invasión del ejército chino, el cual, para aquel entonces ya había penetrado las fronteras ti-betanas. Se entrevistó unos años después con Mao Tse-tung y con Chu En-Lai para hacer diplomacia a favor de su pue-blo. Pero todos sus esfuerzos fueron vanos frente al poderío y la codicia que desde aquel entonces ya evidenciaba el go-bierno comunista de China.

El 10 de marzo de 1959 se realizó una de las más impor-tantes sublevaciones del pueblo tibetano frente al colonialis-mo chino. Pero la rebelión independentista fracasó y el Dalai Lama tuvo que abandonar Potala, su palacio en Lha-sa, huyendo durante semanas hacia el norte de la India don-de encontró refugio y apoyo. Con él se exiliaron casi 90 000 tibetanos. Actualmente se estima que hay alrededor de 150 000 refugiados en la India, Nepal, Bután y en varios paí-ses de Europa. Hoy el Dalai Lama reside en Dharamsala, un pueblo al norte de la India y en las faldas centrales de la cor-dillera de los Himalayas. Ahí tiene residencia también el lla-mado gobierno en exilio del Tíbet. Desde mediados de los años sesenta, dicho gobierno promulgó una constitución democrática para el Tíbet y desde entonces el asunto se ha presentado a la ONU para que considere el caso del Tíbet como un pueblo invadido y colonizado.

A finales de los años sesenta el Dalai Lama decidió recorrer el mundo para ganar simpatías y apoyo a la causa libertaria del Tíbet. Como parte de esta campaña de información y denuncia, empezó a dictar conferencias sobre budismo. Paralelamente a sus actividades a favor del Tíbet, en 1987 propuso el Plan de Paz de Cinco Puntos. Desde entonces ha recorrido alrededor de 50 países, y se ha reunido con grandes personalidades y presidentes de muchos países.[8]

Suele congregarse igualmente con multitudes, a las cuales imparte sus conocimientos sobre muy variados temas del budismo. Casi todos sus libros han sido editados con base en sus conferencias, otros se sustentan en entrevistas y algunos más se derivan de sus reuniones con científicos y filósofos contemporáneos. Su fe y esperanza por la libertad del Tíbet valiéndose de la diplomacia y de una posición de no violencia, le fue reconocida mundialmente cuando obtuvo el Premio Nóbel de la Paz en 1989. Muy a menudo el Dalai Lama dice: "Yo soy sólo un simple monje budista", y es así como vive y enseña.

---

[8] Para mayor información sobre la situación del Tíbet bajo la invasión china y de las actividades del gobierno tibetano en exilio, así como de la vida y actividades del XIV Dalai Lama se pueden consultar varias páginas en Internet, entre las principales están: www.tibetoffice.org; www.dalailama.com; www.tushita.info; y www.lamrim.com. En español se encuentran entre otras: www.inicia.es/de/es_Tibet y, www.casatibet.org.mx.

El budismo como una visión para la vida

El budismo nos enseña a enfrentarnos a las adversidades inevitables de la vida. Como se vio en nuestro libro *La pesadilla del samsara*, si las acciones mentales, verbales y físicas se hacen con la intención de abonar a la presencia del apego, la aversión o la indiferencia, no hay duda de que se incrementará a su vez el malestar existencial, *dukha*. Aunque, como insiste el Dalai Lama, todo ser sintiente aspira a encontrar la felicidad y evitar a toda costa el sufrimiento; dada nuestra ignorancia, aplicamos técnicas y métodos en la vida con el supuesto de ser felices, pero los efectos son totalmente contrarios a los esperados: sólo terminamos produciendo más confusión y sufrimiento.

En la medida en que el ser humano actúa en función de numerosos hábitos de pensamientos y patrones mentales que proceden del pasado, que se identifican como respuestas automatizadas heredadas del karma y de las experiencias negativas, estaremos encarcelados en la lógica del samsara. La propuesta del Budadarma (de las enseñanzas del Buda)[9] consiste en tratar –tanto en la teoría como en la práctica– el sufrimiento humano como si fuera una *enfermedad*, a fin de curarla. De acuerdo con esta analogía se encuentra la descripción correcta de las cuatro nobles verdades[10] que fue la

---

[9] Tradicionalmente en las exposiciones escritas del budismo se utilizan palabras o conceptos en pali o sánscrito, que fueron las lenguas en que las enseñanzas del Buda sobrevivieron a los años y a las diversas persecuciones. En este libro, su uso tiene la intención de dar cuenta del significado originario de la idea o hipótesis que se está exponiendo.

[10] El Sutra de las cuatro nobles verdades es quizá la enseñanza más importante de Buda, en donde no sólo se presentan estas verdades, sino que se hace una larga disertación sobre el camino medio como el sendero que

primera enseñanza que impartió Buda inmediatamente después de su iluminación bajo el árbol bodhi, hace ya más de 2 500 años, en el norte de la antigua India. Si el sufrimiento como enfermedad requiere un tratamiento, entonces tenemos que comprender las cuatro verdades bajo un marco axiomático y una visión terapéutica:

1. *Primera noble verdad.* Hay que identificar la enfermedad para poder afirmar que una persona está enferma y sufre un desgastador desequilibrio en las relaciones de sus sistemas internos con los sistemas externos. El sufrimiento implica un estado de malestar y desencuentro entre nuestros estados mentales y la realidad. Dice Buda: "El nacimiento es sufrimiento, la vejez es sufrimiento, la enfermedad es sufrimiento, la muerte es sufrimiento, asociarse con lo indeseable es sufrimiento, separarse de lo deseable es sufrimiento, no obtener lo que se desea es sufrimiento. En breve, los cinco agregados de la adherencia[11] son sufrimiento".

2. Segunda noble verdad. Ya identificada la enfermedad, se procede a realizar un diagnóstico con el fin de desentrañar las causas y las condiciones que produjeron esa enfermedad. El sufrimiento surge porque nuestras

---

se debe recorrer para romper con los condicionamientos de la vida no virtuosa, contaminada de actos poco benéficos para la paz y la felicidad. También se le llama "El primer discurso de la puesta en movimiento de la rueda del dharma" o Dharmacakkappavattana-Sutta. Las palabras del sutra que se expresan en voz de Buda pueden encontrarse en la página www.cmbt.org/fdd/dharmacakka.htm.

[11] Los cinco agregados del apego son los sentidos del ser humano y constituyen los canales que conectan con el apego, la aversión o la indiferencia. Más adelante se presenta una exposición detallada de cada uno de ellos.

sensaciones y percepciones están manchadas con las toxinas del apego, la aversión o el engaño, lo que hace que toda acción sea incorrecta y torpe, pues parte de la creencia de que el yo es algo sólido, seguro y permanente y que por lo tanto se encuentra separado de los demás y de lo demás; ésta es una ilusión, un engaño y sobre todo, una grave equivocación y un error garrafal de percepción. Afirma Buda: "Es el deseo que produce nuevos renacimientos, que acompañado con placer y pasión encuentra siempre nuevo deleite, ahora aquí, ahora allí. Es decir, el deseo por los placeres sensuales, el deseo por la existencia y el deseo por la no existencia".

3. *Tercera noble verdad.* Si somos capaces de identificar la enfermedad, sin engaños y sin miedos, y de diagnosticar qué objetos y fenómenos la causan, podemos tener una alta probabilidad de cesar el sufrimiento; ¿cómo? suprimiendo las causas que lo produjeron. Buda asevera: "Es la total extensión y cesación de ese mismo deseo, su abandono, su descarte, liberarse del mismo, su no dependencia".

4. Cuarta noble verdad. Una vez realizado el diagnóstico, se abre la posibilidad de cesar las causas y condiciones. A partir de los pasados tres puntos, se requiere la acción terapéutica para logra el equilibrio entre mente y cuerpo. La terapia budista contra el sufrimiento consiste en transitar por el Noble Óctuple Camino. De acuerdo con Buda: "la noble Verdad del Sendero conduce a la Cesación del Sufrimiento. Simplemente este Óctuple Noble Sendero, es decir, Recto Entendimiento, Recto Pensamiento, Recto Lenguaje,

Recta Acción, Recta Vida, Recto Esfuerzo, Recta Atención y Recta Concentración".

La doctrina budista, y todas sus escuelas y linajes, enfocan sus métodos e instrumentos a la superación, gradual o radical, del sufrimiento, pues se parte de la idea de que una mente que sufre genera con sus acciones daño y sufrimiento no sólo a sí misma, sino también a los demás. En otros términos, una mente feliz, que está en paz y tiene plena conciencia no propicia daño y explotación a los seres vivos ni al medio ambiente.

El budismo es, en esencia, una filosofía ética y religiosa, que procura enseñar al ser humano cómo enfrentar nuestros miedos, angustias y confusiones. Se trata, pues, de una doctrina que nos ayuda a superar el dolor y el sufrimiento. Se entiende el dolor como resultado de las sensaciones negativas que se dan en cada uno de nuestros seis sentidos, cuyas pulsaciones electromagnéticas llegan al cerebro por las redes nerviosas e indican una desaprobación en la afectación celular y orgánica de los subsistemas corporales; es un factor físico. En cambio, el sufrimiento parte de pensamientos y emociones que se resisten, y en la mayoría de los casos se contraponen, al fluir del movimiento natural y lógico de las circunstancias y condiciones realmente existentes; se considera por tanto un factor meramente mental.

Por supuesto, mente y cuerpo son dos entidades diferentes pero constituyen una sola unidad en la medida en que la primera se materializa temporalmente en el segundo. Cuerpo y mente se interrelacionan no sólo a través de sus propios subsistemas, sino en función de los elementos y factores que existen en el mundo exterior. Cuando la mente y el cuerpo no fluyen de manera natural y coherente entre sí, conforme al principio de realidad, entonces sobrevienen los desequilibrios físicos y mentales, lo que se hace llamar sintomatología psicofísica de la insatisfacción, dukha.

La doctrina budista se ha especializado en los sufrimientos; trata, como se dice comúnmente, de los malestares del espíritu. ¿De dónde proviene el sufrimiento mental (que por cierto tiene graves repercusiones en la salud física, como lo reconoce la medicina occidental y la neurociencia en particular)? Proviene de que los seres humanos hemos construido una conciencia falsa depositada en el ego, que proyecta y percibe erróneamente la realidad; gracias a esta confusión se genera el apego o aversión del objeto[12] deseado o desagradable.

Nada puede ser adherido a la identidad del ego, porque todo objeto es impermanente, siempre distinto en cada momento, por tanto, no se puede incrustar a ninguna personalidad. Cuando se ha logrado cierto apego al objeto deseado, éste cambia, se transforma, y entonces nuestra conciencia produce ira y frustración porque la realización de todos los deseos se escapan de la mano, cuando el objeto de deseo ya no es lo que era antes.

Dado que todo objeto no existe por sí mismo, sino como manifestación de una compleja red de interdependencias, agregados, condiciones e imputaciones, representa mucho más el cambio que la estabilidad; por tanto, su adherencia o su rechazo sólo es un estado mental, aunque aparezca como un objeto real. Al referirnos previamente a "errores de percepción" aludíamos a este fenómeno: cuando hay un deseo de apego, al objeto se le imputan numerosas cualidades po-

---

[12] Aquí el concepto "objeto" puede ser referido a personas, cosas, hechos o circunstancias: a todo fenómeno material e inmaterial que existe en la vida real.

sitivas y maravillosas, que en realidad no tiene. En cambio, cuando existe un sentimiento de aversión y rechazo hacia un objeto determinando, la mente le atribuye un sinnúmero de características negativas de las cuales carece en realidad.

En los dos casos hay una proyección mental errónea sobre los objetos; esta equivocación provoca que los procesos que involucran las cuatro nobles verdades –la definición del problema, la identificación de sus causas, su superación y el tratamiento adecuado para su eliminación– sean todos incorrectos y, por ende, que el "tratamiento" para la búsqueda de la felicidad y la eliminación del sufrimiento sea igualmente errado. Entonces, los ciclos del samsara, o estados de *dukha*, se reproducen de manera acumulativa e intensa debido a este error de percepción, que asume la forma de hábitos de pensamiento que a la larga estructuran patrones mentales de respuestas repetitivas, automáticas y erróneas a todo tipo de estímulo del mundo provenientes del mundo externo o interno.

El error de percepción que nace del ego que ansía cumplir sus deseos a toda costa, que lucha por encontrar seguridad permanente en el mundo e identidad bajo el método de absorber todo objeto de deseo, revela que ignoramos cómo es la realidad, pues si ésta se asume tal como es, en sus cualidades de impermanencia, de sufrimiento y dolor e insustancialidad, no habría ego que pudiera sobrevivir a esos principios universales. A los tres sellos de la realidad (impermanencia, *anitya*; sufrimiento, *dukha*; e insustancialidad, *sunyata*) también se les llama el *dharma mudra*, ya que son fenómenos omnipresentes e inevitables en la existencia terrenal de los seres sintientes.

Al no comprender sus impactos en la cotidianidad se forjan las perturbaciones y aflicciones mentales y emocionales;

quien no acepta los *dharma mudra* se resiste a integrarse a la lógica del universo; a mayor resistencia, se produce una mayor tensión existencial y por ende más sufrimiento. De hecho, la resistencia a aceptar lo inevitable está íntimamente ligada a los mecanismos del deseo posesivo. Éste busca no sólo el placer de ser, sino situarse en objetos definidos como factores de seguridad, estabilidad e identidad. Por eso, en la búsqueda de estos tres últimos factores los seres humanos cometemos todo tipo de tropelías y acciones insensatas. La lógica aquí no es entre buenos y malos, sino entre sabiduría e ignorancia. Por eso, para el budismo el problema de los seres humanos no es la moral, sino la ética: la capacidad de discernir entre estados mentales saludables y conocedores frente a los contaminados e ignorantes

Para la doctrina budista existen cuatro fenómenos que refuerzan los estados mentales y emocionales perturbados, o errantes, y que constituyen el motor para satisfacer todas las demandas del ego a cualquier precio, muchas veces a costa de la vida misma de uno y de los demás. Éstas son llamadas *maras* o estados mentales no virtuosos, contaminados e ignorantes:

1. Buscar el placer egoísta: *devaputra mara*.

2. Mantener el hábito de pensar que somos yo, un alma sólida y definitiva: *skhanda mara*.

3. Tener emociones absurdas: *klesha mara*.

4. Sentir un miedo irracional a la muerte: *yama mara*.

Estos cuatro factores que conforman la columna vertebral de los estados mentales no virtuosos, de las perturbaciones y aflicciones humanas, provienen de la avidez que tenemos las personas, por un lado, para satisfacer los deseos que brotan por la estimación propia y apego al yo, y, por el otro, para buscar su satisfacción y realización. Estos deseos, a su vez, generan apego, cuando se trata de un deseo positivo, o aversión, si se trata de un deseo negativo.

El apego (codicia) y la aversión (odio) existen como estados mentales porque están habituados a creer que existe la permanencia y la inherencia tanto en los objetos deseados como en los aborrecidos. La lógica, por tanto, indica que los pensamientos negativos, basados en la satisfacción de los deseos egoístas, generan las perturbaciones mentales, o una energía mental desordenada, y las aflicciones emocionales, o la energía sentimental confusa. Por tanto, el arte de estar bien implica identificar los pensamientos negativos para reorientar la mente hacia estados de paz y tranquilidad, *antes* que se convierten en una acción generada por la ignorancia.

En gran parte, el sistema doctrinal del budismo se sustenta en las enseñanzas originales del Buda, una gran colección de discursos pronunciados por él o por sus discípulos. Se trata de verdades que nacen de la sabiduría y la compasión infinita que logró a través de 45 años de enseñanza, práctica y meditación. El Dalai Lama suele decir que el budismo es una ciencia de la mente, una ciencia espiritual, que busca aplicar las verdades para ayudar a todo ser consciente a salir del sufrimiento y lograr estados de paz y felicidad estables y de largo plazo. Por medio del conocimiento de las leyes del universo y de sus propias fuerzas, muestra el mejor camino que hay que transitar para poder reencauzar las energías humanas hacia deseos nobles y buenos. Enseña a cada ser humano cómo ser paciente, desinteresado e inteligente en las decisiones. El bagaje doctrinal apunta hacia un saber vivir bien, asumiendo con tranquilidad la inevitabilidad de la muerte, las enfermedades y la vejez. Guía a la consecución del nirvana como un estado existencial donde desaparece todo pensamiento negativo; en síntesis, se propone llevar a las personas a la felicidad suprema superando los anhelos de la vida y de la muerte.

El budismo se considera una filosofía porque no exige a sus adeptos asumir sus hipótesis, ideas y creencias como preceptos de fe ciega; todo lo contrario, invita a confirmar cada una de las ideas que lo fundamentan con la experiencia y la práctica. La investigación, tanto lógica como empírica y analítica, constituye su principal instrumento de certificación. Por esa razón muchos autores definen al budismo como una doctrina de la praxis, una peculiar fusión entre teoría y práctica, donde el conocimiento tiene un papel central toda vez que concibe al ser humano como un conjunto de relaciones entre los cinco agregados (*khandhas*) que lo conforman.[13]

En primer lugar todo ser humano posee un cuerpo, *rupa*, que a su vez se compone de seis elementos. Cuatro de ellos son los elementos básicos de la naturaleza: tierra (lo sólido), agua (lo líquido), fuego (lo caliente) y viento (el aire). Los otros dos son el espacio que ocupa rupa, y la conciencia que se da cuenta de los agregados. Este último agregado se refiere a las sensaciones o sentimientos (*vedanas*) que devienen por el contacto de los órganos de los sentidos con los seis objetos sensoriales. El contacto órganos-objetos puede ser de tres tipos: agradable, desagradable y neutro. Los órganos de los sentidos humanos y los objetos del mundo tienen sus correspondencias específicas: para el ojo, la visión; para el oído el sonido; para la nariz el olor; para la lengua el gusto, para el cuerpo el tacto y para la mente el pensamiento u ob-

---

[13] Los cinco agregados que definen a un ser humano son: cuerpo, sensaciones o sentimientos, percepciones, volición y conciencia.

jeto mental, como ya lo vimos párrafos anteriores. El agregado de las sensaciones o sentimientos juega un papel básico dentro del marco conceptual budista, porque de todos los deseos, el impulso de apego y aversión transita por uno o varios sentidos; al surgir el impulso toma forma experimental y conceptual en la percepción, que es el tercer agregado que define al ser humano.

La percepción (*samjna*) se encuentra relacionada con los objetos externos y constituye el juicio y la opinión que la mente tiene de ellos. La percepción sólo puede ser correcta e incorrecta. En el mundo ordinario, la percepción trabaja bajo un esquema polarizado que difícilmente considera discernimientos medios, o intermedios, entre un polo y otro. Aquí es donde se producen los veredictos del mundo polarizado de bueno y malo; positivo y negativo; hermoso y feo, entre muchos otros procesos de enfrentamientos agresivos de polos opuestos.

Ya realizado el proceso de sensación de objetos, complementado con la percepción, el cuarto agregado identifica la volición (*samskara*), que significa la respuesta voluntaria a las sensaciones y percepciones derivadas del contacto con los objetos externos; es el motivo o la intención llevada a la acción mental, verbal y física.

Por último, realizada la volición de las sensaciones percibidas el ser humano tiene la facultad de darse cuenta de las causas y las condiciones que lo hacen actuar de una manera o de otra. El quinto agregado, superior a los otros, se refiere a la conciencia (*vijnana*); se trata de una característica específicamente humana, ningún otro ser animado posee esta mente de conciencia capaz de ver reflejada la realidad dentro de los marcos de su existencia. La conciencia aprehende las características cualitativas y cuantitativas de los seis objetos externos, entre los cuales destacan el pensamiento y los objetos mentales, pues éstos determinan los atributos de los otros seis objetos. Por tanto, existen también seis tipos de conciencia: visual, auditiva, olfativa, gustativa, táctil y mental; esta última determina a las otras cinco. Y se tiene tres niveles de conciencia: la burda (cotidiana), la semi-sutil (reflexiva) y la sutil (conciencia de la luz clara).

Entonces, el pensamiento resulta estratégico para comprender el funcionamiento de la mente. La mente es el punto de producción al mayoreo y consumo masivo de los pensamientos; ahí se producen, se desarrollan y desaparecen. De hecho, se puede decir que una emoción no es más que el reflejo de una serie de pensamientos incisivos y neuróticos que se manifiesta en ciertos gestos y partes del cuerpo, para así canalizar las energías que ese pensamiento ha producido a favor del sufrimiento y de la pasión.

Cuando la mente no "espejea" de manera objetiva la realidad, se presenta un desajuste considerable entre las sensaciones, las percepciones, la volición y la conciencia; existe un desequilibro en estos agregados entre el subsistema de captación de datos y el subsistema de respuesta: el insumo no responde al estímulo sugerido; todo lo cual se refleja en el cuerpo, rupa, como una enfermedad o malestar físico. En este desajuste, llamado literalmente *dukha*, aparecen los estados mentales de sufrimiento, miedo, frustración y ansiedad.

El desfase más representativo en la vida ordinaria es la sensación de aislamiento de las personas: esa sensación que aparece cuando uno no es parte de los demás. El origen, la fuente primaria del odio y del egoísmo, es este sentimiento: experimentar la angustia y el miedo de creerse, sentirse y actuar como si estuviéramos apartados del mundo y de las demás personas. Por eso, para el budismo la soledad y la inseguridad son el resultado de esta creencia errónea e ilusoria de sentirse alejados de la existencia y del universo. La trampa en este contexto es muy simple: un pensamiento, como puede ser "yo" o "lo mío", aparece como si fuera todo el espacio posible de presencia de la mente: la parte asume el control del todo; el yo se cree el universo; éste es el disfraz más apreciado por el ego, por el ensimismamiento.

Un elemento totalmente relativo, transitorio y fluido aparece en la mente como absoluto, perenne y sólido. La verdad relativa se ha trasmutado en la verdad absoluta y de ahí surgen los conflictos y las constantes luchas, agresiones y desencuentros entre los seres humanos, desde la violencia intrafamiliar hasta las guerras civiles y entre naciones. A este error de la percepción humana el budismo le asigna el papel central de los sufrimientos que vive cada individuo tanto en el mundo exterior como en el interior. El samsara engloba la repetición constante de este error llevado a todos los planos de la existencia: moral, cultural, económico, político y social. El mundo se ha convertido en una pesadilla.

El samsara empieza a formarse cuando el cuerpo entra en contacto con los objetos generando la sensación; aquí inicia la discriminación y fragmentación de la realidad al dividirla en agradable y desagradable, o lo que es lo mismo, esto si lo quiero, aquello no. De forma instantánea se crea en la mente un determinando pensamiento de apego, para la primera sensación, y de aversión para la segunda. Después la mente proyecta una acción verbal o corporal sobre el objeto como respuesta a ese pensamiento formado por la sensación inicial. La acción mental, verbal y física conforma a su vez una tendencia de respuesta a ciertos estímulos externos e internos, dependiendo del estado en que se encuentre la mente.

Mentes tranquilas y sabias responden de esa misma manera; mentes obtusas y confundidas responden de manera confusa. Se dice entonces que la calidad del pensamiento actual está en función del pensamiento anterior. De esa manera se recrea el ciclo repetitivo y acumulativo del sufrimiento en el samsara: una y otra vez los mismos errores.

Cuando la mente cae en las percepciones engañosas, toda vez que ve los objetos y fenómenos relativos como si fueran absolutos, se dice que se ha formado una mente estrecha, incapaz de la apertura, la claridad y la sensibilidad que se producen cuando los seis sentidos están en equilibrio, siendo capaces de manifestar a cada uno de los objetos sus verdaderas dimensiones y atributos: no hay pues distorsión alguna de la realidad. A esta fórmula el budismo la llama sabiduría (*prajña*) pues permite conocer la realidad tal y como es; hace posible conocer la mente de infinita bondad y de lucidez.

De ahí que para la doctrina budista percibir la naturaleza real de cada uno de los agregados de las personas sienta las bases para poder abandonar los deseos de apego y rechazo hacia los objetos del mundo, liberándose de los condicionamientos de la vida mundana y elevando la conciencia a los terrenos del nirvana, donde no sólo dejan de existir los condicionamientos, hábitos y patrones mentales, sino que cesan las emociones y pensamientos negativos e ilusorios.

Por fin la mente recupera su propia naturaleza como espejo claro, de amor puro, donde la apariencia se funde con el reflejo que es exactamente igual al objeto reflejado: no hay engaño, no hay ilusión; no hay perversión alguna porque la mente se desprende del ego y de toda creencia en fenómenos estables, permanentes, perdurables e independientes; no hay confusión de lo relativo con lo absoluto: la apariencia es la realidad última. Éste es el sentido del famoso mantra: *gate, gate, paragate, parasmagate bodhi soha*: "Se fue, se fue, se fue más allá; se fue, trascendiéndolo por completo, llegando a la iluminación sagrada".[14]

---

[14] El mantra al que se hace referencia llamado Sutra de la sabiduría o del corazón, se encuentra en el anexo I.

2

La búsqueda de *sukha* (felicidad) y *ananda* (alegría)

La felicidad está dentro, aunque también afuera

Hace algún tiempo, en una bella ceremonia budista realizada en la ciudad de México, llamada Las Siete Etapas, que se ejecuta dentro de las prácticas de la Orden Budista Occidental,[15] Dharmacharini Jñanadakini al impartir una conferencia sobre la vida y la muerte, de pronto se quedó en silencio frente a todos nosotros, levantó su mirada y nos dijo: "deténganse un momento; detente y observa". Quería enfatizar con ello que uno tiene que parar, aunque sea por unos minutos, el torrente incesante de pensamientos y emociones desenfrenadas y neuróticas que nos caracteriza hoy en día, para así poder darnos cuenta, percatarnos de lo que está pasando. Somos como una corriente desbocada de un río que no sabe su camino al mar y que, por lo tanto, todas sus fuerzas y energía se desbordan por las fronteras laterales, hacien-

---

[15] El texto de la ceremonia se encuentra en la página de la misma Orden, de Valencia, España. La dirección es: www.budismo-valencia.com.

do daño y causando sufrimiento a todo lo que se encuentra en su paso, aun sin tener intención de hacerlo.

Dedicamos un tiempo, espacio y energía excesivos a lograr el control y manipulación del flujo de las cosas. Es la vivencia que se resiste al movimiento imperante de los objetos y de los fenómenos, que aparecen, están ahí y se desarrollan para más tarde desaparecer. Al resistirnos a aceptar la dinámica propia de las cosas de la vida, deseamos detener o desaparecer todo aquello desagradable y que no cumple las expectativas de nuestros deseos; es un deseo de que las cosas que rechazamos desparezcan lo más pronto posible, y en muchos casos actuamos para lograrlo; he aquí la raíz de la agresión y de la violencia.

Es así como transcurre nuestra vida y como las creencias y las emociones desenfrenadas la gobiernan. Nos conducimos por los pensamientos, por los sentimientos como objetos arrasados por los tiempos modernos, por el maremágnum de la economía, por los requisitos competitivos del *statu quo* y de la identidad. Estamos totalmente ensimismados en el logro de la riqueza, la fama, el placer y el reconocimiento; y en cambio, huimos despavoridos de la pobreza y nos entra una terrible ansiedad ante el anonimato social, el sufrimiento y la crítica personal.[16]

Cuando se busca la verdadera felicidad y una alegría estable, se requiere, para empezar, dejar de obsesionarse por te-

---

[16] A los ocho intereses, los primeros cuatro positivos y los otros negativos, se les conoce como los ocho intereses mundanos. Gran parte de las enseñanzas de Buda está encauzada a superarlos y a quitarles el poder que tiene sobre cada uno de nosotros. Las personas que se encuentran alineadas bajo esos ocho intereses existenciales se dice que siguen el sendero materialista, donde gobierna el egoísmo, y prevalecen las perturbaciones y aflicciones mentales y sentimentales.

ner bajo control todos los aspectos de la vida propia y la de los demás. Pero no se trata de asumir una actitud de indiferencia o de indolencia, sino de plena aceptación al presente tal como es. Mantener esta atención en el presente, sin apego ni aversión, hace posible comprender los elementos que producen una circunstancia o situación determinada; a partir de esa toma de conciencia objetiva y clara, podemos realizar acciones para prevenir daño o generar bienestar, dependiendo de la situación concreta que estemos viviendo.

Cada situación vivencial exige consideraciones propias y específicas. Al asumir la realidad tal como es, sin ejercer resistencia hacia ella, emergen respuestas más adaptables a esa situación, sin forzarla; en pocas palabras, la idea es dejar de amoldar la realidad a nuestros deseos desenfrenados surgidos de ilusiones y engaños sobre lo que *debe* ser el mundo.

Para el Dalai Lama, hay tres propósitos en la vida: la felicidad, la alegría y la satisfacción.[17] A su vez, existen tres fuentes básicas para producir cada uno de estos estados vivénciales: amor, compasión y buen corazón. Al poseer estas tres actitudes, aunque nos encontremos frente a condiciones adversas y situaciones incómodas y dolorosas, con certeza la perturbación y la aflicción disminuirán significativamente. En cambio, con actitudes de odio, codicia e ira, cualquier condición adversa provocará la falta de paz interna. Por eso Platón afirmaba que "El hombre más feliz es aquel en cuya

---

[17] *Mundos en armonía*, 2001, p. 18. Para identificar con rapidez las fuentes bibliográficas en el presente libro, dado que a partir de aquí sólo se harán referencias a los libros del Dalai Lama, primero se señala el título de la obra, en seguida el año de edición y por último el número de página de la referencia. Al final se presenta la bibliografía del Dalai Lama organizada cronológicamente, donde se puede consultar la ficha bibliográfica completa.

alma no hay ningún rastro de maldad", según se puede leer en sus *Diálogos*.

Para profundizar en lo que concierne a la felicidad y la alegría, cabe partir de un principio sustantivo en la doctrina budista que rige para todos los criterios teóricos y prácticos: que todos los seres humanos experimentamos el deseo innato de ser felices y superar el sufrimiento; de hecho éste es el punto de partida de todas las reflexiones ulteriores.[18]

La felicidad se define como *sukha*, el estado contrario de *dukha*;[19] se trata de un estado mental interno el cual responde de manera alegre, *ananda*, a todos los estímulos externos e internos.

Aquí hablamos de la felicidad como una personalidad o un carácter formado. No nos referimos a la felicidad pasajera, ni como un placer intenso o una alegría desbordante de buen humor. Concebimos la felicidad como un modo de ser de la conciencia; o si se quiere, como una actitud plena y satisfecha de respuestas concientes a los objetos externos con los cuales hace contacto cada uno de nuestros seis sentidos. Es, pues, un estado de plenitud perdurable frente a las más diversas vicisitudes de la vida, tanto en las buenas épocas como en las malas.

---

[18] *Transforma tu mente*, 2001, p. 11.

[19] Dukha es un estado mental identificado con malestar, frustración y sufrimiento. Literalmente la palabra sánscrita hace referencia a una "desalineación de un eje respecto a las ruedas de un carruaje". Es esa sensación que las personas sentimos cuando nuestra mente no se encuentra bien alineada, equilibrada, con las condiciones y circunstancias de la realidad externa. En pocas palabras, puede definirse como la separación del yo individual de los elementos ambientales (sociales y naturales) y de la existencia de los demás. Para una mayor discusión filosófica y metodológica del concepto vea nuestro libro *La pesadilla del samsara*.

En la vida ordinaria nuestras emociones, sentimientos y pensamientos están en un continuo flujo de altibajos, según respondan nuestras sensaciones y percepciones a las tentaciones externas; si éstos son positivos, y aparecen como satisfactores a nuestros deseos, entonces nuestro ánimo se mantiene abierto, elevado y exaltado; en cambio, si los estímulos aparecen como insatisfactorios y amenazan la realización de nuestros deseos y creencias, nuestro estado de ánimo es cerrado, degradado y defensivo.

El estudio y la práctica budistas permiten, principalmente por medio de la concentración, *samadhi*, y de la meditación, *vipassana*, ir desarrollando gradualmente una realización interna que responde de manera ecuánime a los contradictorios y turbulentos estímulos externos, lo cual hace a la mente menos vulnerable a los cambios de circunstancias existenciales. De hecho, si la felicidad es un estado mental, podemos concentrar nuestros estados de ánimo en el mundo interno, y poco a poco dejar de estar subordinados a los acontecimientos externos. *Sukha* es un "término sánscrito utilizado para referirse a esta sensación de plenitud, satisfacción y serena alegría interna que, a diferencia de la felicidad o del placer ordinario, no depende de las circunstancias externas".[20]

No hay que interpretar la no dependencia a los estímulos externos como apatía o indiferencia hacia el mundo, sino más bien como un estado espiritual donde las acciones se realizan a partir de la habilidad sabia y compasiva de la apertura, claridad y sensibilidad de respuesta a los estímulos provenientes del mundo. La idea estriba en hacer compatible la acción y las respuestas a la lógica de que todo lo que hace-

---

[20] *Emociones destructivas*, 2004, p. 423.

mos está en función de construir las causas de la felicidad y eliminar las del sufrimiento.[21] De ahí que *sukha* también se puede definir como una sensación perdurable de carácter;[22] un estado de profunda serenidad de una mente excepcionalmente sana y virtuosa.

El concepto de *sukha* no tiene una traducción directa al español, pero hace referencia a una capacidad mental del arte de estar bien a pesar o gracias a las condiciones externas que se experimentan de manera regular, en la vida cotidiana, o en los tiempos y circunstancias excepcionales o accidentales. El Dalai Lama afirma que la hoy llamada "psicología positiva" se acerca mucho al concepto de sukha cuando en sus terapias conceptuales propone transformar un estado mental penoso y negativo a un estado mental tranquilo y sereno.[23]

¿Es posible cultivar *sukha* no obstante todas las experiencias negativas que experimentamos? No dejan de ser relevantes la inseguridad, la pobreza, la impunidad, la sobreexplotación de nuestros escasos recursos ambientales; no hay que

---

[21] *Introducción al budismo tibetano*, 2004, p. 88.

[22] La formación de una personalidad determinada nace primero de un pensamiento; cuando los pensamientos son recurrentes se forma una emoción; un conjunto de emociones dadas en un lapso de tiempo continuo constituyen un "estado mental"; a su vez, cuando existe una acumulación de un estado mental determinado en una persona se forma un carácter; y la presencia duradera por años de un carácter produce como resultado una personalidad. La teoría de las emociones del budismo se inicia al establecer el pensamiento como el primer impulso de la personalidad; los estados mentales y las emociones consecuentes son mediaciones entre el primer pensamiento y la personalidad o modo de ser hegemónico de las personas.

[23] *Emociones destructivas*, 2004, p. 442.

cerrar los ojos frente al maltrato entre humanos y de éstos hacia los animales; o frente al descarado usufructo de la ignorancia por parte del poder político y económico. De nuevo la pregunta: ¿Es posible ser realmente felices y alegres en un mundo dominado por la violencia, la incertidumbre y la indiferencia masiva de las personas frente al dolor y las necesidades apremiantes de las mayorías? El budismo sostiene que sí, en dependencia a las condiciones propicias para ello.

Esto es lo que enseña básicamente el Dalai Lama: el aprendizaje de cómo crear las causas y condiciones para el logro de una mente de continua felicidad y alegría.

Entonces, para ser realmente feliz hay que desarrollar un corazón que ama. Desde que el ser humano nace desea la felicidad, e instintivamente trata de evitar el malestar, el dolor y las desgracias.[24] El sistema de pensamiento y los diversos procedimientos meditativos, devocionales y ceremoniales en el budismo procuran cimentar el camino por el cual los seres humanos puedan superar los sufrimientos inherentes a los ciclos de existencia al cual le hemos llamado samsara. Por tanto, "el objetivo del budista [es] liberar a todos los seres de la dolorosa existencia y redimirlos en el nirvana [la extinción] y así cerrar la cadena de la reencarnación".[25]

La reencarnación, tema que se abordará en el siguiente capítulo, demuestra que la mente no ha sido capaz de despegarse de la vida mundana, y de una u otra manera esa "energía del apego" a una o varias cosas del mundo hace que el flujo mental que se ha desprendido del cuerpo fallecido busque de nuevo un cuerpo para volver a aparecer en la existencia dominada por los hábitos de pensamiento y patrones

---

[24] *Conversaciones con el Dalai Lama*, 2005, p. 134.
[25] *Ibídem*, p. 166.

mentales del aferramiento al yo y a los múltiples objetos que aparecen como si fueran verdaderos causantes del placer, la satisfacción y la felicidad.

¿De qué se libera el ser humano con la felicidad y la alegría? De las ataduras y de las condiciones de la existencia que produce constante malestar, dado el desencuentro entre los deseos y la realidad y el aislamiento del yo respecto al mundo, de una manera iterativa y acumulativa. El instinto que domina a toda vida orgánica para lograr los estados de bienestar parte de no experimentar ningún tipo de sufrimiento.

Por tanto, la energía existencial se destina en gran parte a encontrar técnicas y métodos que sirvan para evitar ese sufrimiento y al mismo tiempo proporcionen las causas y condiciones del bienestar. El deseo no basta, se vuelve requisito indispensable realizar prácticas disciplinarias que sean capaces de establecer las causas de la felicidad y eliminar las condiciones que generan sufrimiento.[26]

Para el budismo, el propósito de la vida de los seres humanos está en función de la felicidad. En este sentido, la tendencia innata de buscar la felicidad y superar el sufrimiento se ha constituido en todo un sistema pleno de derechos legales, estatales y universales que procuran satisfacer dicha aspiración; así también, se puede afirmar que existe un conjunto de derechos para superar el sufrimiento.[27] Estos derechos, la mayoría de ellos escritos y otros vigentes por usos y costumbres, dan alguna esperanza de superar en algún momento el sufrimiento y la frustración: en gran medida el

---

[26] *Visión de una nueva conciencia*, 1996, p. 24.
[27] *La cuatro nobles verdades*, 2002, p. 37.

sentido de la vida para el Dalai Lama reside en la expectativa de lograr un futuro feliz. [28]

El estado de malestar, ese sentimiento de aislamiento que tenemos cuando generamos aversión hacia el mundo, constituye la fuente del odio. Gran parte de este sentimiento nace porque dividimos el mundo entre fenómenos que consideramos atractivos y otros despreciables; a partir de esta lógica dual, que emana de una mente discriminadora e ilusoria, creamos el mundo samsárico.

¿Y por qué si nuestro más profundo instinto nos guía hacia la felicidad todos los esfuerzos y energías para lograrla tienen como resultado lo contrario: producir más sufrimiento? Por una sencilla razón: las técnicas y los métodos que utilizamos son incorrectos e inadecuados, están mal diseñados para cumplir el objetivo; son maneras de hacer las cosas impropiamente.

Creemos que la felicidad consiste por ejemplo en tener y conservar nuestro patrimonio, pero no es así; creemos obtenerla teniendo hijos, pero no es así; creemos que adquiriendo una casa y un coche seremos felices, pero no es así, o ser reconocidos socialmente o tener éxito laboral o en los negocios, pero no es así. Nunca la verdadera felicidad se alcanza al controlar, apropiarse o explotar el mundo externo. Ésa es una de las mayores ilusiones que la ideología del progreso y del crecimiento económico ha impuesto durante los últimos siglos a las sociedades modernas.

Todo aquello que impide el cumplimiento de nuestros deseos de ser felices –comprendiendo esa felicidad como la satisfacción de necesidades y pasiones– nos produce enfado y malestar. Se trata de una actitud mental de respuesta auto-

---

[28] *Más allá de los dogmas*, 1994, p. 73.

mática que exagera esos obstáculos y culpa a los factores externos de las calamidades y tragedias personales. Esta mente de odio no es válida, pues no tiene sustento real.[29]

La práctica para ir gestando una actitud de alegría, para disfrutar de manera ecuánime las experiencias que nos ofrece la existencia, tanto en las buenas circunstancias como en las malas, se basa en un deseo que se resume en una idea fundamental: que podamos tener felicidad y evitar el sufrimiento. Se trata de que ese pensamiento se fije como un hábito positivo en la mente. De esa manera se garantiza que el deseo compasivo de felicidad se concrete en la práctica.[30]

El objetivo también es promover el derecho de todos a ser felices: amigos, enemigos y extraños. Cada persona busca la mejor técnica que se adapte a su carácter y personalidad; a algunos les resultará más fácil alcanzar la felicidad escuchando el dharma, oraciones o mantras. Para otros será más fácil hacerlo a través de la concentración y la meditación. Y otros más preferirán el cultivo de la felicidad mediante la práctica altruista, ayudando directamente a los demás a resolver sus necesidades y demandas de supervivencia.

La idea de cultivar de manera habitual el deseo de la felicidad, tanto para uno mismo como para los demás, surge de la hipótesis de que el ser humano posee una naturaleza interna para proceder pacíficamente en toda experiencia. En el fondo de cada ser existe el deseo innato de la paz, de tener calma y satisfacción, aunque sabemos que la mente y su estadio superior, la conciencia, sufren de constante agitación por emociones y pensamientos opuestos, contradictorios, que se encuentran sometidos a fuertes presiones por los pro-

---

[29] *Un acercamiento a la mente lúcida*, 1994, p. 20.
[30] *Íbidem*, p. 118.

blemas naturales y artificiales a los que de forma regular nos tenemos que enfrentar.[31] Para la doctrina budista es importante considerar que los estados de agitación no son la fuerza absoluta en la mente y que por ende se pueden dominar,[32] ya sea desarrollando pensamientos lúcidos y tranquilos y/o educando a las emociones para que no expresen malestar e insatisfacción.

Ciertamente, nadie quiere sufrir, por lo que la expectativa y la esperanza de ser felices son comunes a todos los seres. Quizá lo más importante en la vida sea la felicidad; todo el esfuerzo que se hace para ello vale la pena. Se pretende lograrla en los planos físicos (creando condiciones materiales apropiadas a las necesidades biológicas y culturales) y mentales (creando emociones y pensamientos ordenados y sistemáticamente inteligentes y compasivos). Con actitudes de esta índole, se alivia y mitiga el sufrimiento. En ese sentido podemos definir dos tipos de felicidad: la que se obtiene al crear las causas y las condiciones de la felicidad física y mental, y la que se logra reduciendo la presencia e intensidad del sufrimiento; la sensación del alivio.[33]

El principio de que todo ser humano busca la felicidad y huye del sufrimiento no altera su fuerza ni por las condiciones sociales, ni por los niveles de educación, ni por la ideología que se tenga: "Desde lo más profundo de nuestro ser deseamos ser felices".[34] Por eso, todo el esfuerzo histórico

---

[31] Como los siete tipos de sufrimiento que el Buda define en el *Sutra de las cuatro nobles verdades*: nacer, envejecer, enfermar y morir; también tener lo que no se desea, perder lo que se desea y no tener lo que se desea.

[32] *La fuerza del budismo*, 1995, p. 26.

[33] *Compasión y no violencia*, 2001, p. 85.

[34] *Con el corazón abierto*, 2003, p. 18.

humano se ha concentrado en lograr una vida feliz. Así pues, el dharma o las enseñanzas de Buda y sus discípulos se enfocan en la eliminación del sufrimiento como el estadio más elevado de la felicidad. Ésta, de acuerdo con el budismo, se identifica con la liberación de las causas y condiciones que producen el sufrimiento, y el engaño paralelo a él.[35] Se trata, en pocas palabras, de un nivel de la conciencia abierta, fluida y sensible.

¿Cómo se imagina la felicidad el Dalai Lama? Él dice que es una interacción completa entre la paz interior del corazón de cada persona y la paz exterior de los pueblos y naciones. El más alto deseo que se puede expresar en el mundo es aquel que quiere y busca el mayor bienestar posible para cada una de las personas. Por tanto, uno de los mayores deberes de éstas consiste en satisfacer las necesidades básicas de la gente pobre y necesitada como alimentación, agua potable, vivienda, medicina y educación.[36]

Ciertamente la felicidad se basa en la paz y la calma interna, pero a ello contribuye el que las necesidades materiales primarias se encuentren satisfechas. El afecto, la honestidad y la justicia social repercuten en nuestro propio beneficio, pues no sólo se satisfacen las necesidades de los demás, sino que uno mismo se construye un medio ambiente que no amenaza la vida y en cambio coadyuva al beneficio propio, como lo afirma el Dalai Lama. "Es innegable que nuestra felicidad está indisolublemente unida a la felicidad de los demás. Es asimismo innegable que si la sociedad sufre, nosotros hemos de sufrir. Y también es de todo punto innegable que cuando más afligidos se hallen nuestro corazón

---

[35] *Ibídem*, p. 61.
[36] *Conversaciones con el Dalai Lama*, 2005, p. 131.

y nuestro espíritu por la mala voluntad, más desdichados hemos de ser."[37]

Ahora bien, cabe distinguir claramente entre la felicidad y el placer. La felicidad tiene mucho más que ver con la paz y con las condiciones espirituales y materiales satisfactorias para todos, con las cualidades humanas positivas, como es la ayuda a los otros y el trabajo altruista. En cambio, el placer es un estado sensitivo y mental que depende de que el objeto de disfrute satisfaga el deseo sensual, que de hecho sólo se presenta en breves momentos. El placer está sujeto a las vicisitudes del mundo externo y depende totalmente de que se satisfagan nuestros deseos de todo tipo. Por eso el estado de placer, al realizarse entra a una fase de indiferencia, y posteriormente de desagrado y sufrimiento, principalmente cuando se convierte en vicio y en obsesión. El placer, dice el Dalai Lama, es como una vela que se agota en su mismo disfrute.[38]

De todas formas, se puede afirmar que tanto la felicidad como el placer son elementos internos: reacciones internas a estímulos externos. Casi todo factor así considerado produce placer o sufrimiento. Uno y otro se experimentan de esa manera porque hay secuelas e impresiones que se han conservado en la mente, y cuando uno entra en contacto con factores del mundo externo, se vuelve a sentir placer o sufrimiento de nuevo, según esas impresiones de la existencia previa.[39] De ahí que el tener plena conciencia de las huellas mentales, de las acciones pasadas y de sus resultados en el mundo interno y externo, constituye un ejercicio previo a la

---

[37] *El arte de vivir en el nuevo milenio*, 2000, p. 240.
[38] *Emociones destructivas*, 2004, p. 124.
[39] *Introducción al budismo tibetano*, 2004, p. 10.

felicidad; sólo en la toma de conciencia de las repercusiones de nuestras acciones reside la paz interna.

Considerar que la felicidad se sustenta en la dinámica del mundo interno del ser humano, no descarta el hecho de que también los factores externos constituyen condiciones importantes para alcanzarla. No se puede desdeñar el peso del mundo material en el espíritu.

Reconocer como algo viable la felicidad

Entonces la felicidad puede ser definida como el estado mental basado en la paz y la tranquilidad interna, que refleja una sabia capacidad para evitar la resistencia al flujo de cómo son las cosas en la realidad, así como la capacidad de una conciencia abierta, luminosa y sensible; se trata, pues, del estado mental contrario a *dukha*, y por tanto al campo del *samsara*. En cambio, la alegría, *ananda*, es un estado mental que se identificada con la plena satisfacción de la experiencia vivencial: refleja un estado de gozo surgido de la verdadera felicidad. En pocas palabras, se manifiesta en una sonrisa de aceptación, amor y compasión por los sucesos de la existencia.

Con el tiempo y con la acumulación de estados negativos, se oscurece esa virtud de tener felicidad, donde no hay perturbaciones ni aflicciones; estar en calma proporciona la capacidad de observar acertadamente los objetos y fenómenos que suceden tanto dentro de sí mismo como en el exterior, y de esa manera incrementar la destreza de reaccionar de manera asertiva frente a las condiciones negativas. Esa capacidad de ser felices se ha eliminado en gran parte por los errores e ilusiones a los que nos hemos visto sometidos por nuestras experiencias no virtuosas.

En este contexto, el primer paso metodológico en la búsqueda de la felicidad es ¡aprender a ser feliz! Tenemos que analizar cómo las emociones y las acciones negativas afectan la salud mental, y debemos estar plenamente convencidos de la utilidad de experimentar emociones positivas. Saber distinguir los estados negativos y positivos resulta esencial para el aprendizaje sobre la felicidad.

Los agregados que forman a todo ser humano son cinco: el cuerpo (*rupa*), sensaciones, percepción y volición (o la voluntad de actuar), que hacen posible las interrelaciones entre cuerpo y mente, y la conciencia, elemento propio de la mente. Cada agregado tiene un plano de existencia particular en el mundo.

El agregado cuerpo hace referencia al mundo físico, material, compuesto por lo sólido, la tierra; lo líquido, el agua; el viento por el aire; y la temperatura, por el calor. El plano de las sensaciones puede identificarse con la constitución celular de cuerpos; es el mecanismo biológico primario de contacto con el mundo, de ahí que sea el nivel de los seis sentidos: vista, olfato, gusto, oído, tacto y mente. En términos fisiológicos, este nivel se rige por el llamado "cerebro reptil", que se encuentra en el tronco cerebral; se estima que se formó hace alrededor de 500 millones de años. En este plano se encuentran las bases internas primitivas de las respuestas e impulsos emocionales definidos como agradable, desagradables o neutros, que para el budismo constituyen unas de las claves para comprender nuestras respuestas a los estímulos exteriores.

Del tercer plano de la realidad depende lo que puede llamarse percepción básica de respuestas a la calidad de las sensaciones con el mundo físico; es el campo de cómo respondemos a los estímulos del exterior. Este agregado se relaciona con la naturaleza mamífera y animal que posemos y que se refiere a la masa cerebral llamado mesencéfalo que regula los climas internos del cuerpo; esta parte del cerebro posiblemente se originó hace 300 millones de años. Las percepciones son pues una primera elaboración, casi instintiva, sobre lo que es benéfico o perjudicial, pero tendientes más hacia los instintos de supervivencia que hacia una elaboración compleja de juicios, conceptos y categorías.

La volición es definida como la manera como ejercemos la voluntad de una respuesta determinada, implica la capacidad de decisión respecto a las perspectivas surgidas de las sensaciones por los contactos con el mundo material. Su referencia biológica es la corteza cerebral, donde se encuentran las redes neuronales que configuran las respuestas racionales a los estímulos. Se presupone que se formó hace alrededor de cien millones de años; se trata del órgano responsable de la producción artística, la ciencia, la música y todo lo que se puede considerar civilización, así como de la manera en que los seres humanos ejercemos juicios de valor, normas y elementos que contribuyen a un estado "artificial" más allá de la naturaleza de las sensaciones primarias y de las percepciones mamíferas.

Por último, el quinto plano, la conciencia –que corresponde al orden existencial trascendental–, está caracterizada por la luz y la claridad para observar los objetos y fenómenos de la vida. Aquí se encuentran creaciones humanas como la religión, la filosofía y el misticismo. El campo de la conciencia constituye el acto supremo de la sabiduría y compasión en los seres humanos, por lo que se puede equiparar a la capacidad divina y universal que cada ser humano tiene en su interior. En este plano, los otros cuatro agregados son observados en sus relaciones y ordenamientos, causas y condiciones, bajo una mente abierta, luminosa y sumamente sensible a todo suceso y situación.[40]

Los cinco agregados reflejan la evolución humana, dado el perfeccionamiento orgánico del cerebro y de las capacidades de la mente; en tanto que el ser humano eleva el plano de la existencia hacia órdenes más complejos y profundos, crea la posibilidad de entender de manera integral el sentido de la propia existencia.

La idea de retomar la teoría de los cinco agregados en el budismo se convierte en algo esencial al comprender que cuando se encuentran ordenados y conscientes, tanto desde la perspectiva de la evolución como desde su dinámica y funcionamiento, podemos generar una conciencia que reposa en la felicidad. En cambio, cuando se habla de perturbaciones mentales y aflicciones emocionales prevalece un desequilibrio entre los planos o agregados de la existencia, y por ende un estado antagónico. El sufrimiento, el malestar, *dukha*, se producen entonces cuando algunos de los planos aparecen como autónomos y aislados de los otros y su dinámica gira en torno a estados de calamidad y trastornos, en desequilibrio, o contrapunteando, con los otros planos.

En este contexto ayuda mucho tener la convicción de que podemos gozar de los efectos benéficos de las emociones y los comportamientos positivos, pues esta convicción nos permite cultivar, desarrollar y aumentar la fuerza interior del bienestar, la sabiduría y la compasión. No hay felicidad du-

---

[40] En el sutra llamado Anattalakkhana el Buda describe los cinco agregados, aunque aquí importa destacar que separados no constituyen la esencia humana, y se refiere a la vacuidad misma del ser humano, es decir, a que él no existe por sí mismo, ni de manera autónoma ni independiente. Este sutra es traducido como "El discurso de la característica de no alma".

radera que no se acompañe de estos tres estados sublimes. Se trata de tener siempre plena conciencia, el saber intelectual y vivencial de cómo se movilizan nuestros agregados físicos, sensoriales y nuestras percepciones del mundo y de cuáles son las condiciones benéficas y cuáles las perjudiciales; sólo así se puede adquirir la capacidad de aceptar el mundo, la gente, los objetos y los fenómenos tal como son, sin imponer ni privilegiar nuestros deseos.

Si bien las personas dependen de los agregados del cuerpo y de la mente; esa dependencia la determina la conciencia que nunca cesa de fluir.[41] Esta idea pertenece a la Escuela del Camino Medio (*prasanguika-madyamika*), que se inclina por los puntos medios entre las interpretaciones budistas que sostienen que la realidad sólo es producto de la mente, y las que señalan que esa realidad existe independientemente de ella. Esta diferenciación resulta relevante porque la verdadera posibilidad de lograr la felicidad está fuera de contexto si se presupone la predominancia de la materia sobre la conciencia.

Para el budismo que profesa el Dalai Lama, el presente y el futuro de las personas están totalmente determinados por sus propias acciones que, a su vez, dependen de la motivación e intención primaria que las origina. Es justamente en este nivel, el de la motivación e intención, donde se dan y recrean tanto las emociones negativas como las positivas.[42]

El segundo paso metodológico para el logro de la felicidad estriba en remover los obstáculos que impiden la presencia de la compasión, como el odio y el enfado, que llegan a ser extremos y sumamente poderosos. De todas formas, exis-

---

[41] *Un acercamiento a la mente lúcida*, 1994, p. 188.
[42] *El poder de la compasión*, 1999, p. 56.

te la certeza de que se pueden dominar, aunque hay que tener en cuenta que tales estados emocionales fácilmente destruyen la paz y la felicidad misma.[43]

Eliminar los pensamientos negativos y las emociones perjudiciales puede ser sencillo si nos convencemos de que estas actitudes son temporales y de que no forman parte de la naturaleza humana. Ésta contiene un corazón bondadoso, la presencia interna búdica que reside en todo ser vivo. Esa naturaleza es la manifestación de que el deseo de felicidad y la necesidad de liberarlos del sufrimiento provienen de la mente. Por eso, de acuerdo con la lógica de la naturaleza del Buda interno, todas aquellas acciones realizadas con motivaciones que desean el bienestar y la felicidad se pueden catalogar como positivas; por el contrario, las que producen sufrimiento, como negativas.[44]

Si las perturbaciones mentales y las aflicciones emocionales no forman parte de la naturaleza última de los seres humanos, su aparición en la mente implica una irregularidad, una anomalía; su combustible son las creencias erróneas que hacen aumentar el poder de las perturbaciones y aflicciones. Al igual que una tormenta hace crecer el tamaño y la dimensión de las olas del mar. Las tempestades mentales surgen generalmente por las denominadas "inversiones" (*viparyasa*) que consisten en hábitos de pensamientos y patrones mentales que consideran bello lo que es impuro; que presuponen un estado de felicidad cuando en realidad predomina la insatisfacción; que creen en lo permanente cuando es impermanente; y cuando ven esencias y sustancias últimas en los objetos y fenómenos ignorando que éstos no poseen existen-

---

[43] *Ibídem*, p. 151.
[44] *La compasión y no violencia*, 2001, pp. 88-89.

cia propia.[45] Cuando la conciencia trascendental comienza a imperar en la mente, esas creaciones conceptuales se debilitan para dar paso a las verdaderas representaciones de los objetos y fenómenos.

La conciencia contiene tres niveles. El primero corresponde al funcionamiento del cerebro en interacción directa con su entorno natural, social y cultural; es la mente que de manera cotidiana se aboca al estudio, al trabajo, al descanso, a la diversión y a todas las acciones consideradas elementales. Este nivel de conciencia se correlaciona con las sensaciones y las percepciones; es la conciencia burda.

En el segundo nivel de la conciencia, llamada semi-sutil, los pensamientos transitan de lo burdo y de la experiencia con el medio, a procesos de reflexión e interpretación de los objetos y fenómenos. Es la facultad de elaborar dinámicas introspectivas, donde la mente se examina a sí misma y define la corriente de energía que adquiere forma en las tendencias y en las pautas habituales de respuestas a los estímulos internos y externos más o menos regulares. Corresponde relativamente al agregado de las voliciones o de las predisposiciones, que conllevan la voluntad de decisión, predeterminada por las herencias genéticas y por la historia pasada experimentada.

Por último, el tercer nivel coincide con el quinto agregado, la conciencia trascendental, y constituye el aspecto más relevante de la conciencia, que tiene la facultad cognitiva y la capacidad de profundización en objetos particulares; aquí estamos hablando de la conciencia muy sutil, de la luz clara de la mente.[46]

---

[45] *El ojo de la sabiduría*, 2001, p. 10.
[46] *Emociones destructivas*, 2004, p. 118.

Los deseos neuríticos y egoístas se generan básicamente en los dos primeros niveles de conciencia; en ellos se satisfacen las necesidades personales y sociales. Aunque es relevante decir que los grados de satisfacción de esas necesidades van disminuyendo en la medida en que los deseos aumentan. Es el círculo vicioso de las enfermedades obsesivas como la drogadicción, por ejemplo: "Cada vez necesitamos más, para obtener el mismo grado de disfrute", dice el Dalai Lama.[47]

La felicidad mundana siempre está en búsqueda del placer inmediato; al repetirse como una adicción obsesiva crea sufrimiento pues se trasmuta en una poderosa dependencia hacia lo que en principio fue placentero.[48] Es por eso, que en el budismo se dice que la verdadera felicidad, aquella que no se transforma en sufrimiento, se encuentra bastante alejada de los placeres mundanos y egoístas.

Los placeres mundanos están en manos de factores externos; son la respuesta que excita la acción humana para satisfacer las necesidades que nacen de los seis sentidos. El hábito de relacionar el placer con las demandas de los sentidos se desarrolla constantemente y nos hace caer en el error de creer que la mayoría de los problemas pueden resolverse en función de un contexto material de satisfacción física.

Pero, insistimos, es muy poco realista esperar que desde el exterior surja una fuente de satisfacción perdurable y de profunda felicidad. Como lo señala el Dalai Lama, "no cabe duda de que nuestra situación material es importante y que nos resulta útil".[49] Sin embargo, son en realidad las *actitudes*

---

[47] *Ibídem*, p. 260.
[48] *Ibídem*.
[49] *El arte de la compasión*, 2002, p. 14.

mentales las que determinan nuestra felicidad. Concentrarnos en la adquisición y administración de patrimonios y bienes disminuyen nuestra capacidad y energía que podrían ocuparse en fomentar actitudes que generen felicidad.

Las actitudes mentales manifiestan tendencias y hábitos a los que se recurre cuando existen condiciones y situaciones falsas y, por ende, se da como resultado de pensamientos y emociones negativos. Ahora bien, si reformulamos esas percepciones y asumimos la correcta perspectiva de la realidad, lograremos comprender la naturaleza propia de esa realidad, esto es, la ausencia de existencia intrínseca.[50]

En la doctrina budista esto implica darse cuenta de las cuatro perspectivas falsas, a saber:

1. Afirmar que los objetos y fenómenos son permanentes.

2. Creer que los objetos y fenómenos transitorios y condicionados pueden ofrecer felicidad duradera.

3. Sostener obsesivamente que las cosas son deseables por sí mismas.

4. Creer que los objetos y fenómenos tienen existencia independiente y autónoma.[51]

Comprender por medio del dharma, del estudio, la meditación y la experiencia, la naturaleza de la realidad nos ayudará a superar estas perspectivas erróneas. Uno de los obstáculos más difíciles de descollar en la búsqueda de la verdadera felicidad, que no es más que un ejercicio de manifestar la

---

[50] *Transforma tu mente*, 2001, p. 44.
[51] *Ibídem*, p. 50.

conciencia sutil en los agregados de la existencia humana, es la creencia que atribuye una cualidad de existencia inherente a la mente y al cuerpo, que termina en la sacralización de la existencia de un yo, de un ego que satura todos los pensamientos, las emociones y los sentimientos de las personas.

Sin lugar a dudas, el sentimiento de creer en un yo sólido y verdaderamente existente es muy poderoso pues la mente imputa esa existencia inherente a los objetos que nos gustan. Según el Dalai Lama, la "ira y la infelicidad son el resultado indirecto de esa cosificación y de ese deseo de posesión cuando se nos niega lo que se ha convertido en objeto de nuestro anhelo [...] La cosificación no es nada más que conceder a esos objetos una realidad que no poseen".[52] Así se produce el engaño que causa las mayores perturbaciones de la civilización humana.

Cuando se estimula un yo demandante que busca satisfacer los deseos por medio de objetos cuyas cualidades imputadas son erróneas se establecen emociones afligidas y pensamientos negativos; en tales circunstancias no hay ni la más remota posibilidad de lograr la felicidad.[53]

Estamos tan acostumbrados a los pensamientos ilusorios y a las emociones afligidas que la mente ya los ha convertido en algo familiar y cotidiano, revelándose en hábitos y actitudes inconscientes que generalmente y de forma irracional ponemos en práctica en la vida cotidiana. Pero las percepciones pueden cambiar usando no sólo el análisis objetivo de la realidad, sino también la imaginación. La imagen mental y la percepción responden a condicionamientos previos basados por lo regular en formas específicas de redes neuronales,

---

[52] *El arte de la compasión*, 2002, p. 69.
[53] *Pacificar la mente*, 2000, p. 120.

que pueden ser modificadas por la imaginación. Por ejemplo, el hecho de visualizarnos en un estado mental de felicidad, calma y fortaleza puede producir realmente ese estado mental. Aquí se puede decir que la psicología positiva se acerca mucho al budismo.[54]

La materia afecta de algún modo a la conciencia; pero la conciencia, que es la función más elevada de la mente, puede afectar también a la materia. Cuerpo y mente interactúan en espacio y tiempo; aunque son dos elementos diferenciados, no son entidades independientes. El cuerpo es impermanente y por ende está sujeto a sufrir los condicionantes universales de los órganos vivos: enfermar, envejecer y morir. En cambio, por su naturaleza propia, la mente es pura luminosidad y experiencia; puede equipararse a un espejo inmaculado.[55] Si la mente tiene esa cualidad y no la manifiesta es debido a los errores en que incurre; esto quiere decir que requiere entrenamiento para implantar el estado de felicidad que corresponde a la manifestación natural de la conciencia más profunda y elevada: la luz clara.

El Dalai Lama explica este entrenamiento por medio de una palabra tibetana, *Sem*; sin embargo, su significado va más allá del concepto de entrenamiento mental; se refiere más bien a una educación dirigida hacia la psique, o al espíritu, y que incluye los sentimientos, el corazón y el cerebro. Está dirigida a un cambio de actitud que presupone una gran transformación de nuestras perspectivas falsas y de nuestro enfoque erróneo de la vida.[56]

---

[54] Emociones destructivas, 2004, p. 359.
[55] *Las cuatro nobles verdades*, 2002, p. 76.
[56] *El arte de la felicidad*, 2000, pp. 24 y 25.

Para la aplicación de *Sem* se necesita ineludiblemente la disciplina interna que se sustenta en muchas técnicas y métodos diversos para su realización. En síntesis se trata de identificar qué factores conducen a la felicidad y cuáles al sufrimiento a fin de cultivar los primeros y eliminar los segundos. La doctrina budista identifica como la causa principal del sufrimiento no sólo a la ignorancia, sino a la indisciplina mental por la falta de ordenamiento y entendimiento de la dinámica de los cinco planos de la existencia: sus movimientos, respuestas y estados nos asustan, nos intimidan, y es cuando recurrimos a los objetos de placer para que nos den la seguridad y la identidad que habitualmente hemos buscando en el mundo externo por años, y quizá por vidas y vidas.

Este desorden generado por la indisciplina e ignorancia mental produce un ambiente destructivo y antagónico, dado al querer imponer a la fuerza nuestros deseos y demandas a un mundo que no se comporta como queremos. En este sentido, una clave central para dejar de sufrir y experimentar estados de felicidad consiste en abstenerse de efectuar acciones destructivas.[57]

Toda vez que la mente persigue los objetos exteriores, las formas, los sonidos, los olores, texturas, sabores, así como los pensamientos,[58] se suscitan embotellamientos y encuentros antagónicos entre unos y otros, que a su vez propician constantes turbulencias mentales; de ahí que la mente se empeñe en construir formas remitiéndose al pasado, o bien proyectándose al futuro. Lo importante a considerar en esos estados mentales de perturbación repetitiva y recurrente es

---

[57] *El mundo del budismo tibetano*, 1998, p. 17.
[58] *Pacificar la mente*, 2000, p. 130.

que se realizan en función de los deseos egoístas de un yo que considera que el mundo tiene que estar bajo su control y corresponder a sus necesidades y deseos, tanto reales como ilusorios. La felicidad resulta viable sólo si comprendemos que el enemigo más serio que tenemos para la felicidad es uno mismo.

La clave de la alegría es no estar ensimismado

Si las turbulencias nacen por centrarse en los deseos y necesidades surgidos de un yo, representado en su más alto nivel por el ego, que cree que así logrará la felicidad y alejar el sufrimiento, entonces un método opuesto resulta eficaz en la búsqueda de la felicidad. El ser humano lleva mucho tiempo buscando la felicidad haciendo válidos sus deseos y sus expectativas por medio de la manipulación y apropiación de cientos de objetos externos. No lo ha logrado, y eso significa que algo ha fallado; lo vemos ahora por ejemplo con la destrucción generalizada del medio ambiente, o la violencia desatada en todos los rincones del mundo, o la miseria de millones de personas en un mundo de abundancia y tecnología. El sufrimiento se reviste hoy de enfermedades del corazón, de un estrés que mata a miles de personas a diario, de abandono a niños y viejos que sobreviven en un estado miserable en las calles de todos los países, desarrollados y subdesarrollados. Quizá el error del progreso y del crecimiento económico centrado en el ego haya creado mucho más sufrimiento y mucho menos felicidad de lo que de verdad podemos observar y sospechar.

La agitación caótica de pensamientos anula toda posibilidad de realizar acciones positivas que den respuesta eficiente a los problemas más graves de la sociedad, que ahora se han convertido en los obstáculos más serios para asentar estados de felicidad, calma y satisfacción que garanticen un crecimiento sustentable entre los pueblos y las naciones.

El cambio del mundo externo se inicia con el cambio interno en cada uno de los corazones. Ese cambio requiere educar y cultivar una conciencia capaz de vigilar y controlar las puertas de los sentidos, pues a través de ellos se filtran los deseos y las pasiones. Ahora bien, la pregunta clave para hacer realidad aquella vigilancia de la mente es: *¿Dónde está habitando en este momento mi mente?* Sólo así podemos descubrir si ésta crea causas y condiciones para generar apego a las cosas que nos agradan, aversión a las que nos desagradan, o indiferencia a las cosas que ignoramos porque no nos incumbe su existencia. Es así como podemos observar que las turbulencias mentales son las raíces del sufrimiento.

En este sentido, la enseñanza total de Buda Shakyamuni consiste en el aprendizaje de diversos métodos para eliminar los anhelos infundados: el apego ilusorio, la pasión sin límites y el deseo neurótico. En dominar estas actitudes erróneas y no virtuosas reside la clave para que la felicidad y la alegría aparezcan como estados mentales familiares y habituales.

El objetivo principal del budismo se enfoca en controlar la ansiedad que surge por el apego a la vida, en la búsqueda de la seguridad y el placer, y el rechazo a la muerte o a la impermanencia de todo. El engaño sensitivo y perceptivo conduce a estados emocionales afligidos, ya que provienen de nuestros órganos cerebrales más antiguos se encuentran en las sociedades más arcaicas de la humanidad. En tal virtud, los estados mentales perturbados y las aflicciones emocionales aparecen como si fueran parte de la naturaleza propia del ser humano.

Para hacer trascendentes las acciones se debe comprender que uno no sólo quiere ser feliz y evitar sufrir, sino que se trata de una aspiración común a todo ser sintiente. Bajo este principio se desarrolla la compasión, el antídoto para el egoísmo y el ensimismamiento. El simple hecho de pensar en que los demás sean felices, que encuentren paz y bienestar, hace que el ego quede relegado a un segundo plano. El amor, entonces, significaría que todos los seres encuentren las causas de la felicidad, y la compasión sería el deseo de que dejen de sufrir.[59]

La felicidad y la alegría se cultivan a través de varios enfoques y métodos que se abordan en los siguientes capítulos; todos ellos contribuyen a superar los diversos y complejos estados negativos; se trata, en pocas palabras, de superar las formas del pensar negativo.[60]

Sin duda alguna, como lo enseña el Dalai Lama, lo que "más perturba nuestra paz y nuestra felicidad es el odio y la maldad".[61] Estos estados negativos suelen dirigir o determinar las acciones mentales, verbales y físicas, y tienen su raíz en un estado muy particular de la existencia: el descontento. De acuerdo con el budismo, frente a la cólera y la ira se debe cultivar un espíritu sereno, relajado y abierto. Porque una vez que aquéllos dominan todos los pensamientos en un momento dado, resulta sumamente difícil controlarlos, por lo que hay que fomentar una conciencia plena que se mantenga a gusto consigo misma y con los demás.

Para alcanzar un estado de contento, se debe comprender que los objetos y fenómenos están despojados de existencia

---

[59] *Más allá de los dogmas*, 1994, p. 86.
[60] *El arte de la felicidad*, 2000, p. 47.
[61] *Más allá de los dogmas*, 1994, p. 149.

real, de inherencia y esencia. Las turbulencias empañan la capacidad intrínseca de la mente de reflejar las cosas tal como son, y entonces ésta se engaña al creer que puede apropiarse de las cosas, pues éstas no existen como se le presentan. Al darnos cuenta de ello, descubrimos la naturaleza ilusoria de toda la existencia condicionada.[62]

Si logramos que la conciencia plena ilumine los planos de las sensaciones, percepciones y voluntad, podemos observar cómo éstos hacen aparecer y desparecer sus elementos propios como un acto ilusorio. En el budismo se suele usar la metáfora del océano para explicar esto. Si la mente habitara en las profundidades de los océanos, como conciencia iluminada, cuando hubiera olas gigantes generadas por vientos huracanados y tormentas, no afectarían el estado de paz y equilibrio existentes en las profundidades.[63]

Por tanto, la práctica de la quietud hace emerger la conciencia en los planos de las sensaciones, de las percepciones y de la voluntad. Sólo con las aguas del océano quietas se

---

[62] *La meditación paso a paso*, 2001, p. 126.

[63] Existen tradicionalmente otras dos analogías para describir conceptualmente las relaciones de la conciencia plena con las perturbaciones mentales. Primera: nos imaginamos a nuestra mente ordinaria como un río salvaje que lleva mucha fuerza y arrasa todo en su camino. Eso ocurre en la mente ordinaria. La conciencia plena sería la capacidad de domar ese río salvaje, hasta lograr que sus aguas fluyan de manera tranquila y sosegada; sólo así podremos ver qué hay en el fondo de ese río de la mente. Segunda: nos imaginamos a la mente sutil, profunda, como el cielo abierto, azul y claro; las perturbaciones y aflicciones son como las nubes negras cargadas de rayos y lluvia; las tormentas hacen ver al cielo oscuro, amenazador y peligroso, pero eso es temporal; al pasar la tormenta, el cielo volverá a estar limpio y claro. Así la naturaleza del modo de ser de la conciencia es ser limpia, transparente y clara.

puede ver el fondo; así también sólo con pensamientos tranquilos es posible conocer las cosas como son en realidad.[64]

El Dalai Lama entiende la felicidad genuina como un estado de paz y placidez interior que surge en el contexto de
las relaciones humanas con los demás. Así pues, la paz interna depende básicamente de la ética, del modo como nos re-
lacionamos con el prójimo. La ética, que cimienta el estado
de paz interior, contempla como máxima el bienestar de los
demás. Las perturbaciones y aflicciones nos impiden practicar una conducta ética positiva frente a los demás. La felicidad implica dominar los pensamientos negativos,[65] por lo
que se debe someter el torrente indisciplinado de pensamientos y emociones que corren de un lado a otro como ele-
fantes salvajes asustados en el bosque, que destruyen y aplas-
tan todo en su recorrido.

La disciplina para contrarrestar los pensamientos turbulentos y las emociones negativas no sólo tiene que provenir
de la ética, sino también de un esfuerzo de voluntad para
contener esos estados negativos. Contención no equivale a
represión, sublimación o a indiferencia, sino a la capacidad
de enfrentar los estados mentales negativos para ser observados sin que el miedo y la imaginación le añadan otros elementos más a esa realidad.[66]

Pero quizá la mejor forma de superar los estados mentales negativos y así generar las causas de la felicidad y del contento sea llevar una vida sencilla y satisfactoria. El Dalai
Lama destaca la importancia de la sencillez para el logro de
la felicidad; el *quid* del asunto estriba en que para ser felices

---

[64] *Pacificar la mente*, 2000, p. 132
[65] *El arte de vivir en el nuevo milenio*, 2000, p. 108.
[66] *Ibídem*, p. 118.

hay que estar satisfechos con lo que se posee, y para ello sólo se requiere tener unos cuantos deseos realistas y alcanzables. Para lograr el buen éxito de este estado existen cuatro causas coadyuvantes, a saber:

1. Estar satisfechos con cualquier comida que obtengamos.

2. Aceptar cualquier forma de vestir.

3. Protegerse contra los elementos del clima y de la naturaleza; esto es, tener un refugio frente al medio ambiente.

4. Tener un profundo deleite y contento en abandonar los estados imperfectos y negativos de la mente, cultivando la meditación, la sabiduría y la compasión.[67]

Se trata de llevar a cabo una vida sensata y correcta, que permita el logro de la felicidad y rechace el sufrimiento. Pero desmarañar las mentes atormentadas que surgen de los pensamientos y las emociones perturbadas y afligidas demanda una educación espiritual,[68] un conocimiento profundo de nuestro modo de ser, de cómo producimos los estados mentales, de cómo se desarrollan y de cómo se consumen.

En resumen, para ser felices es necesario crear las causas y las condiciones para ello. Esas causas y condiciones solamente se dan cuando realizamos acciones positivas derivadas de pensamientos buenos, de palabras dulces y de acciones benéficas para los demás. La secuela de este sistema de respuestas positivas no puede ser otra más que tener una vida

---

[67] *La política de la bondad*, 2001, p. 37.
[68] *La meditación paso a paso*, 2001, p. 38.

benévola y sabia. Sus efectos no pueden ser otros más que experimentar paz, armonía y tranquilidad, que son los cimientos de toda felicidad genuina y verdadera.

Por lo tanto, la clave es observar y cuidar nuestras acciones, pues ellas propician la felicidad o el sufrimiento en uno mismo y en los demás. A toda acción corresponde una reacción: el karma, desde el punto de vista del budismo. Así, acciones buenas tienen resultados positivos que a su vez son causa de felicidad; y a la inversa, acciones malas tienen resultados negativos que a su vez causan el sufrimiento. Esta mecánica se verá ampliamente en el siguiente capítulo.

El ser humano es por naturaleza un ente sociable, en constante interacción con sus semejantes; de ahí se sigue que toda acción tiene una repercusión significativa en la vida de los demás. Los intereses de una persona, en este sentido, no pueden ser independientes de las otras. Y, por lo tanto, la conclusión es que *mi felicidad depende de la felicidad de los demás.*[69]

Cuando nos rodeamos de gente feliz, es muy probable que uno mismo también lo sea. Por lo consiguiente hacer lo más posible para que las personas que nos rodean sean felices, genera mayores garantías de producir nuestra propia felicidad. Las soluciones a las condiciones adversas y a los problemas personales y sociales dependen de la capacidad de cooperación entre cada agente involucrado. El Dalai Lama explica que resulta muy poco sensato, hasta inmoral, buscar sólo la propia felicidad, sin tener en consideración que lo mismo buscan las personas que nos rodean.[70]

---

[69] *El poder de la compasión*, 2001, p. 55.
[70] *Océano de sabiduría*, 2000, p. 90.

Los métodos que usa el ser humano para ser feliz y evitar el sufrimiento, por tanto, tienen que considerar que no deben afectar los derechos de felicidad de los demás, ni propiciar sufrimiento en las personas o en otras vidas animadas.[71] Por eso es importante considerar los impactos que tienen las técnicas y los métodos para ser felices en las condiciones y circunstancias de los demás, porque si éstas terminan siendo estados de desdicha y dolor, la felicidad así lograda será sumamente débil y altamente costosa, y muy pronto se convertirá en desdicha e infelicidad. Si los demás son infelices, resulta muy complicado para uno ser feliz en ese contexto.[72]

Hay que entender que casi toda la energía personal y social canalizada en la educación, los hospitales, las fábricas y los comercios, procede de un deseo fundamental de alcanzar la felicidad y evitar el sufrimiento. El entramado de los sistemas sociales, asistenciales y económicos parten de esa gran verdad, si bien no lo manifiesta de manera explícita. Como afirma el Dalai Lama: "Todo el mundo está dedicado a esa búsqueda". Sin embargo, por los datos estadísticos y dadas las tragedias y enfermedades actualmente los métodos para conseguir ese estado han estado sumamente equivocados, en tanto que se sustentan en el egoísmo y en el predominio de los factores de producción, circulación y consumo,[73] y no en la perspicacia de penetrar en la naturaleza de la realidad vía la compasión y la sabiduría. El ser humano inmerso en la vida social hegemónica ha perdido el sentido de la búsqueda de su felicidad, pues lo hace dañando seriamente su entorno social y natural.

---

[71] *El poder de la compasión*, 2001, pp. 9 y 10.

[72] *Pacificar la mente*, 2000, p. 171.

[73] *El buen corazón*, 2000, p. 112.

Por tanto, para el camino budista, lo esencial es suprimir el sufrimiento eliminando las causas que lo ocasionan; en la producción de karma negativo reside la causa principal, esto es, las huellas impresas en la mente cuando se llevan a cabo acciones negativas,[74] lo que hace que el ciclo del *samsara* reproduzca un estado repetitivo e intenso. En este contexto, reconocer el sufrimiento permite comprender los impactos del karma y ello contribuye y nos impulsa a liberarnos de las condiciones que lo generan. Hace posible trascender la confusión y las preocupaciones vanas, lo que permite abandonar el hábito de inquietud y temor sobre el sufrimiento.[75]

Estudiar y practicar el dharma, las enseñanzas del Buda, contribuyen decisivamente para superar el sufrimiento y el condicionamiento de nuestras sensaciones y percepciones mundanas que nos roban la paz y la serenidad. Todas las perturbaciones y aflicciones, como el apego, la codicia, el odio, los celos, el orgullo y la avaricia, entre otras, provocan conductas que causan en uno mismo y en la demás infelicidad y sufrimiento. Son los demonios internos los que engendran los mayores obstáculos para evitar que la felicidad se convierta en un estado habitual en las personas.[76]

---

[74] *Ibídem*, p. 156.
[75] *Mundos en armonía*, 2001, p. 52.
[76] *El arte de la compasión*, 2002, p. 58.

3

EL KARMA COMO
RESULTADO DE LAS ACCIONES

El karma no es destino, sino resultado

El método más importante del budismo, concebido como una visión de vida, es el escepticismo, pues considera de manera provisional toda idea o hipótesis que se plantea; de ahí que suele poner a prueba lógica y empíricamente toda idea, somete los argumentos al análisis de otros autores y, por último, formula nuevas preguntas. Este método tiene el objetivo de crear una apertura mental capaz de evitar los hábitos de pensamientos neuróticos, y los patrones mentales generalizados para responder a las dudas esenciales que se muestran en toda sociedad humana.

El tema del karma[77] se presta a diversas definiciones y a las más variadas interpretaciones. Nos enseña a ser responsables de todos nuestros actos en la medida en que nos señala las repercusiones inevitables de tales acciones. Pero también

---

[77] Es pertinente aclarar que la teoría del karma no tiene su origen en Buda, sino que se trata de un concepto heredado de las religiones en la antigua India, especialmente de las prácticas brahmánicas.

nos demuestra que cada ser humano es único en la medida en que las tendencias estructurales de su modo de ser y sus predisposiciones mentales no se repiten exactamente igual en otro ser humano.

Puesto que el karma conlleva tendencia y predisposición, algunas personas se inclinan a sufrir experiencias negativas y otras, en cambio, se orientan a vivir experiencias positivas y alegres. Pero el karma no significa destino, sino inclinación a tener uno u otro tipo de experiencia, según los resultados que hayamos tenido por las acciones más significativas realizadas en el pasado, que puede ser desde el día de ayer, hasta incontables vidas anteriores. En general, se habla de este concepto para referirse a una situación negativa, problemática y desagradable. Aquí preferimos hablar de karma refiriéndonos a la negatividad; en cambio, a las causas y efectos positivos se les puede denominar méritos: energías benéficas que producen alegría y felicidad.

Karma significa literalmente acción. Y como toda acción se ejerce en tres áreas existenciales: de manera verbal, mental y emocional, así como por medios físicos que se ejecutan a través del cuerpo o de una extensión del mismo, como puede ser una máquina o una herramienta.

El karma engendra tres tipos de efectos: virtuoso, cuando los resultados de la acción producen bienestar, paz y calma, y se consideran positivos o efectos deseables; no virtuoso, cuando los resultados de la acción generan dolor, malestar y sufrimiento, y se consideran negativos; y cuando la acción no genera bienestar, pero tampoco ningún perjuicio para nadie, se trata del tercer tipo de efecto kármico, en el cual puede caber el sentimiento que neutraliza el odio o la pasión, creando un efecto que no es positivo ni negativo.[78]

---

[78] *La cuatro nobles verdades*, 2002, p. 68.

El karma se desarrolla en dos tiempos: en el primero sólo sentimos y pensamos la acción que vamos a ejecutar, lo que vamos hacer, la intención o motivación; en el segundo, las intenciones, que eran puramente mentales, se traducen en uno o varios actos, es decir, en una acción premeditada, volitiva. Dice el Dalai Lama sobre el asunto: "Las acciones negativas acarrean siempre sufrimiento y las acciones positivas traen el bien".[79]

De hecho, en términos metodológicos, el karma representa una expresión fina y acabada de la ley de la causalidad, aunque no es propiamente esa ley. Por su naturaleza los objetos y fenómenos se encuentran sometidos a un fuerte encadenamiento o condicionamiento de causas y efectos, que aun cuando no se observen o se tenga conciencia de ellos, existen como mecanismo de definición de formas animadas e inanimadas. Las cadenas de causas y efectos suceden por las leyes de la naturaleza de las cosas, por lo que no tienen un sustrato kármico. La ley del karma está relacionada estrechamente con la ley de la causalidad, específicamente en aquellos casos donde existe una acción o un esfuerzo que tiene por antecedente una motivación o una intención. Por lo tanto, el karma sólo se puede producir en el ser humano que tiene conciencia más o menos clara de lo que hace, aunque no de las repercusiones de sus actos.[80] Se trata, en síntesis, de una causa que tiene el poder intencional de que suceda un efecto determinado.

Para la doctrina budista, todas las vivencias que experimentamos resultan de nuestras acciones pasadas tanto individuales como colectivas; de ahí la necesidad de enfatizar el

---

[79] *Samsara*, 2002, p. 153.
[80] *Pacificar la mente*, 2000, p. 63.

valor del adiestramiento y la transformación de la mente, que es el principio motor de toda acción. En otras palabras, las experiencias que viviremos en el futuro, a corto, mediano y largo plazos, son resultado de nuestras acciones; eso es el karma. Ahora bien, de entre los tres tipos de acciones, las mentales son las más importantes porque conllevan la intención, la motivación primaria, la clave de todo el proceso de vivencia.[81]

En términos ortodoxos, samsara se ha identificando con el ciclo de existencias que un flujo mental continuo tiene en su adaptación a varios cuerpos, dados el tiempo y un espacio particular para cada uno de ellos. Pero samsara también puede ser interpretado como los diversos modos de existir cuando la ignorancia y el karma se han convertido en los ejes dominantes de esas existencias. Las trasmigraciones responden a las tendencias hacia ciertos estados mentales y físicos según se hayan establecido las huellas kármicas de vida en vida.

Así pues, la vida en el samsara se define como un vagar de un lado a otro sin fin: de manera perenne la mente se distrae de un objeto externo a otro según se considere un estado de placer o de sufrimiento.[82] Este mal hábito, que con el tiempo forma un patrón mental de distracción e ignorancia, determina que las mentes sutiles, últimas, entren en el ciclo de vida, muerte y renacimiento, con lo cual se crea un estado ordinario caracterizado por el malestar, la frustración y el sufrimiento. La doctrina budista señala que todos los seres nos estancamos en ese estado samsárico a consecuencia de que reproducimos constantemente los estados de engaño e

---

[81] *Compasión y no violencia*, 2001, p. 69.
[82] *La meditación paso a paso*, 2001, p. 200.

ilusión devenidos por el apego y la aversión a los objetos y fenómenos.

Hay pues la producción de improntas kármicas por acciones pasadas negativas.[83]

La ley de la causalidad establece que el sistema dinámico de la existencia responde a un conjunto de redes de causas y efectos a veces muy simple, pero otros sumamente complejos. La existencia de todo ser humano se basa en realidad en un cúmulo de acciones: cuando comemos, trabajamos, descansamos, platicamos o dormimos estamos respondiendo a causas y efectos. De hecho, esa cadena se puede ver también como acción y resultado, pues la acción siempre surge de uno mismo, de nadie más.[84]

Las acciones del presente preparan, como quien dice, las experiencias *posibles y probables* en el futuro. Esas acciones de hoy se establecen en función de la sed de placer y satisfacción, de nuestra aversión y rechazo al dolor y al sufrimiento. Pero en términos generales, los resultados en el samsara casi siempre son negativos para la felicidad y la satisfacción. Ello se debe a que nuestro cuerpo y espíritu obedecen a reflejos automatizados (hábitos inconscientes) que se definieron por las acciones y emociones perturbadas en el pasado. Se puede decir, en este contexto, que las perturbaciones y aflicciones mentales y emocionales son resultado de una grave confusión, o equivocación, cuando la conciencia no puede discernir correctamente entre una sensación, una percepción, una volición y un estado de conciencia.

En otras palabras, toda turbulencia mental entraña confundir las sensaciones con una percepción, o una percepción

---

[83] *El arte de la felicidad*, 2000, p. 127.
[84] *El poder de la compasión*, 2001, p. 143.

con la conciencia; o la conciencia con una volición, y así todas las combinaciones posibles entre los cinco agregados. Debido a ello, la doctrina budista sostiene que la ignorancia, o el hecho de no saber distinguir correctamente la dinámica y las especificidades de cada agregado, conducen ineludiblemente al sufrimiento: al malestar de dukha.

Por tanto, si las causas originales están infectadas de sufrimiento e ignorancia, es natural que se produzcan efectos con las mismas cualidades. El sufrimiento kármico es un estado heredado del pasado, de ahí que ese legado se haga presente en acciones egoístas y erróneas que, a su vez, propician experiencias de sufrimiento en el futuro.[85] He aquí el ciclo completo del samsara: el mundo de condicionantes que suscita el inicio de la cadena de las causas en el pasado que viven efectos actuales de *dukha*, que a su vez origina las causas de futuros sufrimientos. Karma es la cadena de condicionantes y resultados en el samsara.

Los efectos del karma, generados por acciones negativas, se extienden en el tiempo y en el espacio, presentándose cuando hay parecidas condiciones y circunstancias que hacen "revivir" esa experiencia del pasado como si fuera una la experiencia actual. Ésta es la tendencia central del karma. Por lo tanto, las acciones volitivas, mentales, verbales y físicas producen karma, una energía que se comporta de cierta manera. Si sabemos que las acciones virtuosas aportan felicidad y alegría y las acciones no virtuosas sufrimiento y tristeza, se puede afirmar, como asevera el Dalai Lama, que "nuestra herencia se forja a través de las acciones buenas y malas que serán fundamento de la nueva vida futura".[86]

---

[85] *Samsara*, 2002, p. 97.
[86] *Conversaciones con el Dalai Lama*, 2005, p. 178.

Ahora bien, para que se produzca el karma se requiere de la conjugación de cinco factores, a saber:

1. El objeto (*vastu*) o destinatario de la acción.

2. Una intención (*samjña*) o motivación de hacer daño o que quiere generar malestar y perjuicio.

3. Un esfuerzo (*prayoga*) por parte de la persona que va a ejercer la acción kármica; ese esfuerzo puede valerse de algún factor como una herramienta, una máquina, un engaño o alguna otra cosa para ejercer presión física o moral.

4. La presencia de odio, codicia, celos y en general la ignorancia de cuáles serán los efectos de esa mala acción. La aversión y el rechazo son las emociones previas dominantes en la generación de *karma*.

5. La realización (*nispatti*), la afectación concreta y específica de la acción sobre una persona u objeto determinado; tiene que haber un resultado destructivo y perverso.[87]

Como la producción de karma requiere de cinco pasos, si falta alguno de ellos se rompe el proceso. Por ejemplo, si una persona con afectaciones fisiológicas cerebrales tiene un impulso violento contra otra, la ataca y la lastima, no se produce karma, pues faltaría el segundo factor, no había una intención, una volición de hacer daño alguno. Por eso, al principio de este capítulo se decía que el karma no es destino, sino el resultado de una serie de circunstancias en donde la persona que lo produce es completamente responsable.

---

[87] *El ojo de la sabiduría*, 2001, pp. 68 y 69.

La misma mecánica funciona para la producción de méritos. Éste determina condiciones benéficas para las personas y facilita enormemente el estar satisfecho y contento.[88] Hay diversas maneras de generar méritos, entre las principales se encuentran los cuatros conmensurables: compasión (*karuna*), amor (*metta*), gozo (*mudita*) y ecuanimidad (*upekha*); ser amable con todo objeto animado e inanimado; desarrollar generosidad y tolerancia, y evitar producir acciones negativas como destruir vidas, robar, mentir, tener un comportamiento sexual abusivo e intoxicarse.

El karma acaece cuando se realizan acciones mentales, verbales y físicas que producen un daño significativo tanto a uno como a los demás. Los méritos, en cambio, se producen cuando impulsamos el bienestar y la felicidad tanto para uno mismo como para otras personas. Al primero inevitablemente lo acompañan el odio y la ira, al segundo el amor y la compasión.[89] En las dos grandes tendencias existenciales, en la kármica y en la del mérito, se presupone la existencia de diversos estados cognitivos y emocionales. En el primero son malsanos y turbulentos, y en el segundo son benéficos y transparentes. Cuando estas tendencias se erigen en la mente como estados regulares se crean las predisposiciones para efectuar ya sea acciones negativas kármicas o, en su caso, acciones positivas meritorias.[90]

El funcionamiento del karma es inconsciente y determinado por la ignorancia, no así la generación de mérito que implica voluntad y claridad. Generalmente estamos muy habituados a tener pensamientos erróneos y errantes, por ende,

---

[88] *El arte de la felicidad*, 2000, p. 73
[89] *Mundos en armonía*, 2001, p. 21.
[90] *El poder de la compasión*, 2001, pp. 117 y 118.

creamos comportamientos negativos, mientras que las experiencias que tenemos de felicidad son escasas, y surgen sólo cuando realizamos acciones positivas que requieren estados mentales lúcidos y emociones benévolas.[91]

En el samsara el karma se constituye en la regla, los méritos son, desgraciadamente, la excepción. Por lo tanto, la producción de karma no requiere esfuerzo ni disciplina, ni sabiduría, elementos que sí son necesarios para la generación de méritos.

Se puede sintetizar este tema señalando que el karma conlleva la intencionalidad de las acciones surgidas de perturbaciones y aflicciones que realizan una conexión determinante entre los estados mentales y la dinámica del cuerpo.[92] De ahí que para el Dalai Lama la quintaesencia del dharma, de las enseñanzas del Buda y de sus discípulos pasados y presentes, sea que uno mismo es el que propicia las causas del malestar y del sufrimiento existencial, de *dukha*, dadas las acciones no virtuosas efectuadas en dependencia de los hábitos mentales, repetitivos y neuróticos, adquiridos desde hace mucho tiempo. Somos responsables de nuestros propios resultados: son las acciones del pasado las que explican las experiencias que vivimos hoy.

El karma proviene de las perturbaciones mentales y de las aflicciones emocionales,[93] que, a su vez, son efecto de una actividad mental errónea, la cual nos hace creer y ver cosas que no existen en la realidad porque son sólo aparentes; con base en esta percepción equivocada se realizan las acciones no virtuosas, insumo principal en la producción del karma.

---

[91] *Las cuatro nobles verdades*, 2002, p. 22.
[92] *El ojo de la sabiduría*, 2001, p. 45.
[93] *Pacificar la mente*, 2000, p. 87.

Aunque la conciencia trascendental es por naturaleza neutra y pura, sus manifestaciones suelen impregnarse de desdicha y sufrimientos, porque de muchas maneras el karma alimenta el hábito de los pensamientos de posesión y de aversión, que desequilibran las relaciones sanas entre la mente y la realidad, y entre uno y los demás.

El ciclo samsárico, fenómeno cardinal del karma, de nacer, sufrir, morir y renacer para de nuevo vivir, se convierte en algo inevitable. En consecuencia, sólo cuando eliminemos las causas que producen el karma podremos empezar el proceso de liberación de las condiciones samsáricas del sufrimiento y, de esa manera, iniciar la construcción de estados de felicidad, cosa que ha sido la meta ancestral de toda actividad humana y de toda sociedad. Salirnos del karma, por tanto, implica salirnos del mundo condicionado por el apego, la aversión y las ilusiones

Dejar de producir karma por el bien de todos

Para que dejemos de producir karma es indispensable comprender la ley de causalidad y las relaciones mutuas que se establecen entre las causas y los efectos. La interacción sólo se establece cuando ciertos acontecimientos y situaciones producen otros, y así sucesivamente. Pero la interacción de diversas causas y efectos también pueden generar procesos muy diferentes.[94] En todo caso, importa destacar que todo objeto y fenómeno posee una lógica existencial y no viene por azar ni como destino, sino como resultado de la dinámica de fuerzas productoras, desarrolladoras, consumidoras y destructivas.

---

[94] *Más allá de los dogmas*, 1994, p. 262.

Si partimos de que la mente y las motivaciones primarias determinan las acciones verbales y físicas en el comportamiento de las personas, podemos ver con claridad el principio de la producción del karma. En este sentido, toda acción que cumpla los cinco factores señalados en el apartado anterior tiene un efecto kármico; pero quizá más importante aún es que dejan su huella en la mente, afectando de manera inmediata a la experiencia y al medio ambiente, tanto natural como social, donde se realiza.[95]

Esas improntas mentales de las acciones pasadas constituyen el germen de las perturbaciones mentales y las aflicciones emocionales.

Una mente turbulenta impide juzgar lo que es correcto y lo que es incorrecto. Evaluar las acciones supone tener la capacidad de saber si tales acciones benefician o perjudican a corto y largo plazos. Cuando no tenemos esa capacidad y nos domina la turbulencia mental, inevitablemente realizaremos acciones perjudiciales, torpes.[96]

En la capacidad para determinar el valor moral de un acto intervienen diversas variables como el tiempo, el lugar del suceso, las circunstancias y los intereses de los implicados en el acto; pero sobre todo se trata de ponderar los resultados de modo pragmático: si produce bienestar y alivio o si genera malestar e insatisfacción. En este sentido, un mismo acto puede ser éticamente positivo en un tiempo, lugar y circunstancia específicos y en otro, negativo.[97]

El bienestar de todos sólo es posible si se dejan de producir acciones contrarias a la bondad propia de los seres sin-

---

[95] *El buen corazón*, 2000, p. 103.
[96] *El arte de vivir en el nuevo milenio*, 2000, p. 101.
[97] *Ibídem*, p. 160.

tientes. En la medida en que mantengamos estados mentales perturbados y emociones aflictivas, en esa misma medida dejamos de ser compasivos, amorosos y generosos; es así como nosotros mismos nos privamos de las condiciones necesarias para que surja la felicidad. Un estado emocional contrario a la paz y al amor hace que perdamos las facultades críticas, objetivas, y explica por qué perjudicamos a los demás y, de esa manera, seguimos alimentando el karma, que a la vez forja estados sufrientes que nos impiden liberarnos de sus causas y condiciones.[98]

Por eso, evaluar las acciones del presente en función de resultados futuros, tiene que llevarse a cabo por medio de un adiestramiento mental constante, que rompa con la inercia y los hábitos dominantes de los pensamientos negativos y de las emociones afligidas. El ser humano puede orientar su disposición, actitudes y pensamientos hacia el bienestar y el crecimiento espiritual cuando dirige su conciencia hacia los resultados de sus acciones. De ahí que el Dalai Lama tenga mucha fe en el adiestramiento de la mente para erradicar factores negativos, genética o culturalmente heredados, y cultivar los positivos, que sólo nacen con dedicación, esfuerzo y conciencia.

En el fondo de la propuesta del Dalai Lama existe la plena convicción de que la mente puede ser cambiada,[99] pues uno cuenta con la capacidad para salir de esa tendencia y predisposición kármica.

Dejar de producir karma por el bien de todos significa abandonar las acciones que perjudican a uno mismo y a los

---

[98] *Ibídem*, p. 104.
[99] *Con el corazón abierto*, 2003, p. 27.

demás. En este contexto se tiene que considerar una ética que contemple los preceptos universales de todas las grandes religiones humanas: no matar, no robar, no mentir, no abusar y no dividir. Aquí hay que tomar con mucho cuidado la presencia del deseo y de las pasiones desbordas del yo, pues son la causa principal de la dispersión de la mente. Cuando ésta se distrae produce karma.[100]

La excitación, tanto en función de los placeres como para evitar el dolor, suele producir acciones sumamente torpes que generalmente afectan la paz y la felicidad de las personas.

Los objetos pueden generar placer y satisfacción pero también sufrimiento, ello depende de cómo se aplique la inteligencia y el modo de comprender la ley del karma. La inteligencia permite observar los objetos y fenómenos tal como son en realidad, es decir, impermanentes, dependientes y como entes vacíos de existencia propia.[101] El no poder penetrar a estas determinaciones universales causa que la mente divague caótica y constantemente en un ciclo perverso de apegos, aversiones e indiferencias que hacen acumular y aumentar el karma, hasta llegar a un nivel insoportable.

Una disertación de los destinos

Como anuncia el *Sutra de los kalamas*, existen cuatro consuelos que demuestran la necesidad de dejar de producir karma que causa sufrimiento y dolor a todo ser humano. En palabras del Buda:

---

[100] *Consejos espirituales*, 2002, p. 73.
[101] *El ojo de la sabiduría*, 2001, p. 100.

El discípulo de los Nobles, Kalamas, que tiene tal mente libre de odio, tal mente libre de malicia, tal mente libre de mancha, tal mente purificada, es uno que encuentra cuatro consuelos aquí y ahora.

Suponed que hay un más allá y que hay fruto, resultado, de acciones buenas y malas. Entonces, es posible que en la disolución del cuerpo después de la muerte, aparezca el mundo celestial, el cual posee el estado de gozo. Éste es el primer consuelo que encuentra.

Suponed que no hay más allá y que no hay fruto, resultado de acciones buenas y malas. Sin embargo en este mundo, aquí y ahora, libre de odio, libre de malicia, seguro, saludable y contento me mantengo. Éste es el segundo consuelo que encuentra.

Suponed que resultados malos caen sobre un hombre que actúa mal. Yo, si embargo, pienso en no hacerle mal a nadie. Entonces, ¿cómo es posible que resultados malos me afecten si no hago malas obras? Éste es el tercer consuelo que encuentra.

Suponed que resultados malos no caen sobre un hombre que actúa mal. Entonces, de todos modos me veo purificado. Éste es el cuarto consuelo que encuentra.[102]

Como se puede apreciar en este sutra, independientemente de lo que se crea que sucede después de la muerte, dejar de producir karma y lograr accionar el mérito como el resultado más concreto de nuestras acciones, provee a la vida, aquí y ahora, de un inmenso e inconmensurable sentido. Una

---

[102] Vea el anexo II, al final de este libro. *El Sutra de los kalamas*, sección "Los cuatro consuelos".

mente capaz de bloquear y trascender los factores que producen el karma, es una mente, como lo dice el Buda, pura, libre de malicia.

De ahí que todas las grandes religiones y filosofías humanistas coincidan en un mensaje central basado en el principio de la ley de la causa y efecto o del karma bajo la consideración budista: si se actúa bien, con sabiduría, se experimentarán resultados y efectos deseables, benéficos; pero, en cambio, si se actúa mal, con ignorancia, se tendrán que experimentar resultados negativos, perjudiciales y sufrientes. Ésa es la ley natural de la reciprocidad dialéctica de causa y efecto.[103]

Cuando la mente no logra comprender este mecanismo de acciones y resultados, porque no percibe el modo real de ser de las cosas, se da cabida a una constante y obsesiva ilusión provocada por las mismas percepciones erróneas. Entonces, la agitación caótica y errante de pensamientos y emociones distrae la mente, que se ve imposibilitada para establecer una relación verdadera con el mundo, dado que carece de paz interna.[104]

La mente se distrae porque está desenfocada del presente. Una mente caótica, distraída, se caracteriza por comparar constantemente la calidad de las experiencias de hoy con las del pasado o, en su caso, anula la presencia del presente con las esperanzas y los ensueños del futuro. De esta manera, se hacen presentes falsos proyectos existenciales. Se juega el juego perverso de que "antes fue mejor" o mañana "será mejor"; mientras la mente nunca se queda en donde únicamente puede estar, en el presente.

---

[103] *El buen corazón*, 2000, p. 41.
[104] *La fuerza del budismo*, 1995, p. 121.

Así, las historias, más leyendas que verdades, y las esperanzas aparecen como una fatalidad del destino que proviene de agentes externos, como lo pueden ser Dios, una mal-
dición y otros factores como la familia, la pareja o el lugar
donde se vive. La predestinación se asemeja a una gran mecánica que bloquea todo elemento que conlleva a la responsabilidad propia de lo que nos sucede. La experiencia, el estudio y la observación meditativa y reflexiva nos permiten
afirmar que los objetos y los fenómenos nunca surgen de
manera azarosa. En las interacciones entre objetos y fenómenos siempre existe cierto orden: a veces con una lógica explícita, y otras bajo cierta lógica oculta. Lo cierto es que existe
una correlación específica entre determinados acontecimientos y causas con determinadas condiciones. Todo lo existente tiene una causa o un conjunto de causas, por lo cual se
puede afirmar que "debe de existir un principio esencial de
causalidad que actúa a nivel fundamental".[105]

Por lo tanto, se puede concluir que las experiencias de felicidad y sufrimiento dependen de causas y condiciones,
donde el destino tiene muy poco que ver en su aparición, dinámica y disolución. Las relaciones que se establecen entre
causa y efecto son de tipo natural: hacen referencia a la naturaleza de las cosas. Por ejemplo, la naturaleza del fuego es
quemar; la del agua, mojar; la de un mal acto, producir sufrimiento, y la de un buen acto, generar felicidad.

Esta ley también señala que cuando menos deseamos una
experiencia, mayor es la energía y esfuerzo que debemos hacer para impedir que se presenten las causas y condiciones
que producen dicha experiencia. Igualmente, cuanto más
deseamos tener una experiencia, debemos realizar un mayor

---

[105] *Transforma tu mente*, 2001, p. 30.

esfuerzo para que aparezcan las causas y condiciones requeridas para lograr el resultado esperado.[106] Por tanto, la ley de la causalidad rechaza tajantemente la existencia de destinos ciegos o de una predestinación regida por entes más allá de la condición propiamente humana. Lo cierto es que en cada ser humano y en cada sociedad existen tendencias y predisposiciones para experimentar determinados estados mentales.

No existe, por lo tanto, ningún poder o fuerza externa capaz de hacer surgir los objetos y los fenómenos. La causalidad anula totalmente el recurrir a planos superiores de existencia para explicar un acontecimiento. Siempre la dinámica de las cosas se da en la suma de causas y condiciones, a veces simples, y en otras ocasiones sumamente complejas.[107] Por eso, en la doctrina budista se suele decir que la ley de la causalidad constituye la máxima expresión del orden de las cosas; explica no sólo el origen de los objetos y de los fenómenos, sino su desarrollo y crecimiento, y su posterior desintegración y desaparición.

Podemos traer a colación las implicaciones de estas hipótesis para afinar los esquemas de determinaciones que son tema de este capítulo. Para dominar las causalidades, se deben comprender tanto las fuerzas que influyen o producen la felicidad como las que generan el sufrimiento. Si realizamos acciones positivas, éstas predisponen condiciones de estados existenciales de felicidad, que son resultados deseables y esperados. Y lo contrario sería cierto también: si realizamos acciones negativas, éstas inducen circunstancias que suscitan sufrimiento y malestar. Hay pues una relación de

---

[106] *El poder de la compasión*, 2001, pp. 68 y 69.
[107] *Ibídem*, p. 71.

proporcionalidad entre las causas y los efectos, donde los resultados últimos de las acciones únicamente pueden ser con-
ceptualizados en función de sus frutos, de sus resultados positivos, negativos o neutros.[108]

De esta manera, la ley de la causalidad disminuye un tanto su consistencia ortodoxa al hacer intervenir los conceptos
de tendencias y predisposiciones. Esto quiere decir que los
efectos de una causa pueden ser *modificados*, aplicando ciertas técnicas y métodos pertinentes para cada caso. Los más
importantes son la fe y el arrepentimiento.

Ésta es la gran diferencia entre las acciones reactivas y las
asertivas. En las primeras la reacción está condicionada a los
hábitos de pensamiento y a los patrones mentales de respuesta que en gran medida son involuntarios e inconscientes; se trata de las respuestas mecánicas ante estímulos y condiciones externas. Es el bagaje que hemos heredado de
nuestra cultura y de la tradición; de cierta manera estamos
hablando de esquemas "socializados" en las personas, cuyos
pensamientos, emociones, carácter y personalidad aparecen
como parte de la naturaleza del ser social.

En cambio, las acciones o respuestas asertivas permiten
modificar de modo consciente y voluntario las tendencias y
predisposiciones de los efectos cuando se activan ciertas causas y condiciones. Las acciones asertivas trascienden los hábitos de pensamiento y superan los estados inconscientes de
las acciones reactivas que provienen de los patrones mentales heredados. Suponen una aplicación aguda de la conciencia para explicar el porqué y el cómo se dan las cosas en la
vida. Las acciones asertivas agilizan la práctica de una conciencia lúcida, abierta y sensible a la presencia de los facto-

---

[108] *El camino del gozo*, 2001, p. 117.

res externos que perciben los sentidos, pero también a los pensamientos y las emociones.

Cuando en el budismo se habla del proceso de liberación se hace referencia crítica al condicionamiento que existe en la estructura predeterminada de los karmas, donde a las acciones negativas pasadas corresponden experiencias presentes de malestar e insatisfacción. Si el ser humano no tuviera la posibilidad de aplicar la conciencia plena tanto en las causas como en los resultados, difícilmente podría quedar libre de las determinaciones kármicas, y por ende, crear las causas para superar el mundo condicionado del samsara.

El hecho de plantear que el proceso causal y condicional explica la aparición de los objetos, fenómenos y sucesos significa que existe un plano existencial convencional, pertinente a estos condicionamientos. Es aquí donde se postula la idea de que ciertos tipos de acciones conducen a consecuencias determinadas, así como ciertos sucesos pueden afectar nuestro bienestar y propiciar nuestro sufrimiento.[109]

A la ley de la causalidad la complementa lo que podríamos denominar la ley de la interdependencia, que establece que todos los objetos y fenómenos siempre se acompañan de determinadas causas. Todo lo existente, sea una entidad animada o inanimada, no proviene de sí misma ni existe por sus propias causas y condiciones, sino que son derivadas de otras entidades. Cualquier cosa proviene de elementos que no son esa cosa; por ejemplo, el papel con que se hizo este libro proviene de agua, luz, minerales y pulpa, entre otros elementos. Por tanto, el papel no proviene del papel mismo. Un objeto y fenómeno determinados provienen de causas, que a su vez fueron efectos de otras causas, encadenándose *ad infinitum*

---

[109] *El poder de la compasión*, 2001, p. 73

en los procesos de creación y destrucción. Cada existencia posee la imputación de los procesos de origen dependiente (*pratityasamutpada*).

En conclusión las cosas no pueden tener existencia por sí misma, están vacías de existencia independiente: nuevas circunstancias producen nuevos acontecimientos, éstos a su vez actúan como causas renovadas que producen efectos nuevos y diferentes.[110] Toda cosa que se produce, por lo tanto, recibe su energía de otras cosas: la existencia de algo es tal porque recibe apoyo de otros factores externos a ese algo. He aquí el principio del porqué desde que algo nace, inicia su desintegración: la cesación de los objetos y fenómenos es parte constitutiva del proceso de creación.

La interdependencia –uno de los preceptos fundamentales en el budismo– que representa las cadenas y redes que forman las causas y los efectos, implica que toda experiencia que se vive, ya sea de felicidad o de sufrimiento, resulta de las intenciones y motivaciones que dieron lugar a las acciones. Por tanto, la motivación primaria constituye la raíz de las acciones que se asumen como experiencia en el presente y como reencarnación de la mente sutil de la conciencia trascendental que, como veremos más adelante, se ubica en uno de los seis reinos de la existencia.[111]

En el mundo de las formas materiales (*rupa*), todas las cosas llegan a existir gracias a la acción conjunta de causas, condiciones y agregados; donde éstos últimos constituyen la función de ser la base constitutiva de las formas. Cuando las causas y las condiciones provocan la separación de esos agregados o a la desintegración de algunos de ellos, o de todos,

---

[110] *Compasión y no violencia*, 2001, p. 51.
[111] *Memorias del Dalai Lama*, 1998, p. 26.

se da la desaparición de las formas materiales, pero se transforman en otra, ya sea de su misma solidez, o en otro estado elemental, por ejemplo, cuando se quema la madera, se convierte en gas y cenizas. Si las formas materiales pudieran evolucionar y desarrollarse libres de causas y condiciones, entonces prevalecería un mundo donde nada cambiaría, algo así como un estado de congelamiento eterno; o bien, no habría nacimiento de objetos y fenómenos, pues al no existir causas y condiciones que generan resultados, no habría modo alguno de que las cosas sucedieran.[112]

Para que las cosas sucedan, se requiere forzosamente la existencia de causas y condiciones que lo hagan posible. Hay dos tipos de causas: las sustanciales se refieren a los objetos y fenómenos sin los cuales es imposible que se genere un efecto cuyo resultado final sea una cosa; y las causas cooperantes que contribuyen a que existan objetos y fenómenos.

El principio de causalidad es fundamental en la visión del budismo, que entiende que el surgimiento de los objetos y fenómenos no se debe a la fuerza de las personas, ni a ningún ente extraordinario como Buda. "Las cosas son así, eso es todo", dice el Dalai Lama.[113] Los resultados de las acciones son un proceso dinámico que responde a las cadenas, redes y estructuras de las causas y los efectos. Aquí lo esencial es que un acto realizado no permite tener otro resultado más que el que se da; por lo tanto, no hay segundas oportunidades para evitar los resultados generados.[114] Por eso, es importante prever que esos resultados tienen repercusiones tanto en este mundo como después de la muerte.

---

[112] *El arte de la compasión*, 2002, pp. 45 y 46.
[113] *Ibídem.*
[114] *El mundo del budismo tibetano*, 1998, p. 4.

La doctrina budista establece seis órdenes de existencia que derivan del karma y de los méritos que tienen los seres animados después de la muerte como procesos de reencarnación. En primer lugar se encuentran los tres órdenes inferiores: el infernal, el de los espíritus ávidos y el de los animales. Los tres órdenes superiores son el de los seres humanos, el de los semidioses o asuras y, por último, el de los dioses o divas.

Los seis reinos constituyen una construcción dogmática principalmente dentro de las escuelas del budismo tibetano. El movimiento de uno hacia otro reino sólo se puede dar cuando se consumen los acumulados energéticos del karma, para los reinos inferiores, o los acumulados de méritos para los reinos superiores. Se supone que el karma es la energía tendencial que orienta los efectos de las acciones, que va de un reino a otro según el valor positivo o negativo de las motivaciones e intenciones realizadas en un orden determinado.

De hecho no importa mucho si uno se suscribe o no a la tesis de los seis reinos, lo relevante es comprender que los resultados de las acciones terminan llevándonos a un orden superior cuando asumen la forma de méritos, o inferior, cuando domina plenamente el karma negativo. Esta dinámica resulta del mundo condicionado por las leyes de la causalidad y de la interdependencia, donde el destino simplemente no existe y lo que es sucede por causas y condiciones que los seres humanos, de una u otra manera, pueden cambiar por medio de la conciencia y del camino espiritual; de lo contrario, estamos condenados al ciclo del samsara, donde las respuestas automáticas y los resultados involuntarios de nuestras acciones constituyen obstáculos que nosotros mismos creamos en el afán de alcanzar la felicidad.

En conclusión, podemos decir que para la doctrina budista romper la cadena de condicionantes impuestas a la existencia por los procesos dinámicos del karma es fundamental para generar las causas y las condiciones que conduzcan a la felicidad, la cual garantiza plenamente que las acciones derivadas de ella estén marcadas con los sellos de la compasión, el amor, el gozo y la ecuanimidad. Estos cuatro estadios de la mente (paramitas) construyen las causas básicas y las condiciones sustantivas para la felicidad y el bienestar de las personas. Anular, por tanto, las acciones negativas que desarrollan las tendencias y las predisposiciones al sufrimiento y al malestar sólo es posible si asumimos una disciplina inteligente para el adiestramiento mental; eso es lo que plantea el budismo cuando propone enfocar los esfuerzos de las acciones asertivas en la ética, en la concentración y en la sabiduría.

4

EL ADIESTRAMIENTO PRÁCTICO BUDISTA

En el budismo la instrucción práctica tiene la finalidad de cultivar con disciplina los tres adiestramientos superiores: poseer una ética (*shila*) claramente humanista y razonable; practicar de manera regular y comprometida la concentración (*samadhi*) y la meditación analítica (*vipassana*), que son las herramientas esenciales para la consecución de estados mentales virtuosos, permeados por la compasión y la sabiduría;[115] y, por último, adquirir la capacidad de interpretar la realidad tal y como es (*prajña*), lo que implica manejo de información, pero principalmente la habilidad para interpretar y conocer las cadenas causales que hacen aparecer, desarrollar y desparecer las entidades animadas e inanimadas en el ciclo del samsara.

La estructura de los tres adiestramientos comprende, a su vez, tres fases en un mismo sujeto que se activan en diversas

---

[115] La sabiduría como un adiestramiento superior en el budismo hace referencia a un modo correcto, razonable y lógico de comprender y descifrar las cosas que pasan en la vida.

áreas. Así pues, el adiestramiento en la ética y en la moral impulsa la fase en el cambio de conducta que se nos demanda cuando asumimos el camino espiritual. Sin ese cambio de conducta no se puede seguir avanzando. La segunda fase se basa en los ejercicios disciplinarios sobre la mente, y constituye el área referida al meditador, que es un punto clave del desarrollo espiritual dentro de la doctrina budista. Por último, la tercera fase es el cultivo de la sabiduría que constituye el punto central en la formación de la personalidad de un bodhisattva, es decir, una persona que busca la espiral ascendente de la comprensión y la compasión, para poder ayudar a disminuir el sufrimiento de los demás. Cambio de conducta, meditación regular, cotidiana y comprometida, y búsqueda permanente de inteligencia bondadosa constituyen el programa de los tres adiestramientos en el ámbito del budismo mahayana que expone el XIV Dalai Lama.

El adiestramiento de la doctrina de Buda puede sintetizarse en dos frases: "Ayuda a los demás" y si no es posible hacerlo de ese modo, "por lo menos no los perjudiques".[116] Evidentemente el budismo tiene sus cimientos, su praxis como opción de vida, en las actitudes sublimes del amor y de la compasión. Para el logro de estos principios, y dado que la mentalidad turbulenta ha puesto en práctica durante un largo tiempo hábitos y patrones automatizados y familiarizados con estados negativos, se requiere un rediseño de ella.

El camino para liberarnos de las respuestas erróneas a las diversas experiencias que vivimos, que se encuentran condicionadas por el karma y las perturbaciones y aflicciones, consta de un proyecto de rediseño de la mente que parte del adiestramiento de la moralidad, esto es, un cambio en los

---

[116] *El poder de la compasión*, 1999, p. 31,

modos y estilos de comportarnos con los demás y con la naturaleza. Este ajuste en la conducta se tiene que reforzar y apoyar con base al adiestramiento meditativo como un instrumento para dominar la mente a fin de que las acciones verbales y corporales se conduzcan bajo los parámetros de la conciencia y la lucidez. El tercer adiestramiento, relativo a la sabiduría, implica una transferencia de pensamientos posesivos y de antipatía hacia pensamientos libres y tolerantes; la sabiduría se manifiesta en la práctica de la moralidad y de la meditación, pues por medio de ella se superan los diversos grados de ignorancia, que distorsiona el modo de ser de los objetos y fenómenos que conforman la existencia.[117]

Los tres adiestramientos superiores corresponden, en términos de los textos de la doctrina budista, a las tres colecciones de sutras en que se han organizado los discursos de Buda Shakyamuni y de sus discípulos más cercanos. También se conocen como las tres cestas, porque cuando se escribieron por primera vez, en el idioma pali, se pusieron en cestos de tejas. La primera colección, el *Suttanta Pitaka* o "Cestos de los discursos", contiene las disertaciones e historias que platicaba Buda a sus diferentes audiencias. Aquí es donde se definen las tesis y las prácticas que se requieren para el logro de la liberación de las condiciones que causan el sufrimiento y las pautas para el logro del nirvana o de la mente iluminada.

Después se crearon otros sutras dirigidos a la disciplina mental y verbal que fueron llamados *Vinaya Pitaka* o el "Cesto de la disciplina"; concierne a la vida de la comunidad (sangha) y establece la ética no sólo para los monjes y monjas (*bhikkhus* y *bhikkhuni*, respectivamente), sino también

---

[117] *El camino del gozo*, 2001, p. 136.

para los laicos; en general habla de las comunidades budistas y de las historias y leyendas de los primeros monasterios. Por último, los sermones y discursos que van dirigidos al cultivo del conocimiento y de la verdad, de la sabiduría, llevan el nombre de *Abhidhamma Pitaka* o "Cesto de la razón".[118] En estos se exponen lo que ahora podemos denominar alta filosofía y la profunda psicología del budismo.

Hay una evidente relación entre los sutras y los adiestramientos: las enseñazas sobre la moral se vinculan con la conducta que asumimos frente a los demás, con nosotros mismos y con el medio ambiente; la enseñanza de la estabilización y calma con la concentración y meditación y la enseñanza sobre la sabiduría tienen que ver con la construcción de un mejor modo de vivir y comprender la realidad.[119]

El adiestramiento en la ética, en la meditación y en la sabiduría sirve como herramienta para superar los instintos compulsivos de los deseos egoístas por adherirse a objetos y fenómenos agradables y por rechazar objetos y fenómenos desagradables. La compulsión de adherencia y el sentido de la separación (la aversión) hacen que la mente se confunda constantemente, con lo cual no sólo perdemos la paz, sino la capacidad para disfrutar las vivencias; por lo tanto, nuestras reacciones y respuestas son torpes e ineficientes para el logro de la felicidad y el bienestar.

---

[118] Para una mayor información sobre los temas y contenidos de los discursos del Buda se recomienda consultar el material intitulado *Guía al Tipitaka* de U Ko Lay, publicado por Burma Tipitaka Association; la primera edición está fechada en 1985. Hay una traducción del mismo material por el Centro Mexicano del Budismo Theravada, A. C.; el texto consta de 10 capítulos y 217 páginas. Vea www.cmbt.org/libroselectronicos.

[119] *Océano de sabiduría*, 2000, p. 56.

La práctica del adiestramiento de la conducta crea las condiciones de estabilización mental, abre la mente y propicia una visión correcta de las cosas; constituye un método que la doctrina budista utiliza con el objetivo de liberar a la mente de los condicionamientos a los que nos vemos sometidos en el ámbito de los ocho intereses mundanos. Se busca afanosamente la riqueza, la fama, el reconocimiento y el placer; y obsesivamente se procura rechazar la presencia de la pobreza, salir del anonimato, no caer en el olvido y no experimentar el sufrimiento.

El Buda insiste en que una vida condicionada por los ocho intereses mundanos no puede abandonar las tres cualidades de toda existencia atada a los apegos y a las aversiones: la impermanencia de los objetos y fenómenos; la insatisfacción que inherentemente provee todo contacto a los seis sentidos y la presencia de la insustancialidad, es decir que nada tiene esencia última ni una entidad permanente y verdadera. Impermanencia, insatisfacción e insustancialidad esclavizan a toda existencia humana, manteniéndola dentro del samsara y las experiencias de *dukha*.

Un programa eficaz de adiestramiento mental tiene el propósito fundamental de liberarnos de la existencia condicionada sufriente; se basa en aceptar con amor y sabiduría tanto las experiencias buenas como las malas, sin apegarse a las primeras ni rechazar a las segundas, para así dejar fluir la conciencia con los acontecimientos que la vida nos depara en cada momento, ya sea regular o excepcional.

Se trata, en pocas palabras, de producir una actitud vital capaz de lidiar con bondad y gentileza con las condiciones adversas que conllevan el sufrimiento inevitable de nacer, enfermar, envejecer y morir; pero también de asimilar con tranquilidad los estados de tensión y malestar cuando se desea algo y no se tiene; cuando se tiene algo que no se desea y cuando se pierde algo que se desea.

La disciplina ética y moral como principio

La trilogía del adiestramiento budista empieza por la ética y la moral porque si de verdad deseamos calma para crear las bases para cultivar estados existenciales que trasciendan el desorden mental, así como para evitar el desgaste de energía que implican los apegos y las aversiones cotidianas, primero que nada tenemos que cambiar nuestra conducta frente a nosotros mismos y a los demás.

La ética en el budismo que propone el Dalai Lama está delimitada por parámetros que evitan caer en los extremos del ascetismo y del hedonismo; se trata de no asumir una actitud que para purificar las experiencias negativas impone castigos corporales con el fin de hacer surgir un espíritu limpio; tampoco acepta una actitud de satisfacción obsesiva, instantánea y constante de las necesidades y deseos. Tanto el extremo del masoquismo como el de la voluptuosidad resultan de la codicia y la ignorancia, al entronizar el yo y considerarlo como la entidad que tiene la máxima atención y prioridad posibles. Estos extremos no conocen la moderación ni los caminos medios.[120]

La ética budista no ignora que la situación y las condiciones que rodean a una persona en un momento y espacio determinados sean importantes para evaluar el comportamiento. Los factores externos contribuyen a una conducta virtuosa y basada en el amor, o por el contrario, a generar conductas malsanas, violentas y desastrosas para el bienestar

---

[120] *Conversaciones con el Dalai Lama*, 2005, p. 95.

de la propia persona o para los individuos que la rodean. Ahora bien, importa destacar aquí que si se tiene una disposición o actitud correcta y ecuánime no habrá conducta negativa, aunque la situación ambiental no sea favorable. Al tener una actitud correcta, nada afectará a la paz interior. Por el contrario, si nuestra actitud no es adecuada, nunca se logrará un estado de paz y calma.

Por tanto, para el budismo, "la actitud mental es más importante que las condiciones externas".[121]

Las diversas actitudes que aplicamos a las múltiples experiencias vitales provienen de las conductas que hayamos desarrollado de manera regular en el pasado. El adiestramiento mental básico funciona como un sistema inmunológico, según el Dalai Lama. Cuanto más nos adiestremos en tener buenas conductas, basadas no sólo en el respeto y en la comprensión para con los demás, sino en la máxima budista de no hacer daño a ninguna entidad animada –lo que incluye no hacernos daño a nosotros mismos– con mayor facilidad podemos aplicar la sabiduría y la compasión, remplazando firmemente nuestras respuestas habituales y patrones mentales inconscientes que se traducen en actitudes de apego y de aversión sustentadas exclusivamente en el ego.

A mayor disciplina ética se fortalece el sistema inmunológico contra las perturbaciones mentales y aflicciones emocionales; por ende se agilizan las respuestas hábiles al aparecer los primeros síntomas de la ira, de la codicia o de cualquier otro estado mental negativo. La preparación disciplinaria ética y moral sostiene nuestra capacidad para detectar oportunamente los signos de una emoción no virtuosa; al identificar los signos iniciales de los estados mentales

---

[121] *Las cuatro nobles verdades*, 2002, pp. 113 y 114.

negativos, podremos impedir que éstos determinen nuestro comportamiento inmediato.[122]

En consecuencia, las enseñanzas del dharma tienen el propósito de disciplinar la mente, sacarla de su distracción y encauzarla en una misión vital que requiere una serie de ejercicios cotidianos.[123] La disciplina por sí misma no tiene sentido, sólo lo adquiere cuando la conducta modificada positivamente comienza a dar beneficios tangibles en las personas y cuando eleva la calidad de nuestras relaciones con los demás y con el medio: todo esfuerzo disciplinario moral y ético adquiere valor si contribuye a sepultar los pensamientos caóticos, errantes, y a los estados mentales perturbados.

He aquí la razón que explica que entre los cinco agregados que configuran al ser humano, según la definición budista, el principal de ellos sea el de la conciencia.[124] La disciplina mental tiene que ver con alimentar esa conciencia para que se dé cuenta de las experiencias vividas y de cómo son las cosas. La disciplina mental permite transformar la conducta cimentada en la satisfacción de deseos egocéntricos en conductas que de verdad beneficien a los demás.[125] Con este mecanismo se propicia una mentalidad libre de codicia y de intenciones engañosas que trasciende los condicionantes de la impermanencia, de la insatisfacción y de la insustancialidad. Todos los métodos propuestos en los sutras giran alrededor de la ética como disciplina mental.

---

[122] *Emociones destructivas*, 2004, p. 222.
[123] *La meditación paso a paso*, 2001, p. 18.
[124] *Pacificar la mente*, 2000, p. 57.
[125] *El camino del gozo*, 2001, p. 15.

La conducta humana es la materialización de la actitud que asumimos frente a nuestras experiencias vitales, según lo establece uno u otro estado mental. La perspectiva tiene un papel primordial en este ámbito. Si ésta, por ejemplo, se enfoca a evitar neuróticamente y a toda costa el sufrimiento, dadas ciertas circunstancias adversas, la experiencia será afrontada con mucha ansiedad e intolerancia, lo cual da como respuesta una tensión que invariablemente agudizará la sensación de fracaso y ansiedad. En cambio, si se asume el sufrimiento como una parte consustancial a la existencia, sin añadirle resistencia alguna por aversión, pero sin incrementar el apego, entonces seremos mucho más tolerantes a sus consecuencias.[126]

El budismo procura ponderar una conducta, una acción corporal y verbal, centrando el juicio en la evaluación de la motivación que dio causa a la misma. Las conductas éticas que conllevan un bien, un estado de satisfacción y alegría para los demás; es un acto altruista. Y a la inversa, un acto no ético, injusto, es malicioso, pues está motivado por el deseo de perjudicar a los demás.[127]

En consonancia con lo anterior, lo que determina si un acto es ético o no, es la *repercusión que tiene en la existencia*; es decir, depende de los efectos que tengan ese acto sobre las experiencias de uno mismo y de los demás en su derecho lógico de ser felices y evitar el sufrimiento. Si el acto obstaculiza ese derecho, lo anula o lo constriñe, entonces se convierte en un acto perjudicial, no ético.[128] De hecho, la evaluación de cualquier acto tiene que tomar en cuenta los

---

[126] *El arte de la felicidad*, 2000, pp. 127 y 128.
[127] *Más allá de los dogmas*, 1994, p. 73.
[128] *El arte de vivir en el nuevo milenio*, 2000, p. 38.

polos que lo acompañan: la motivación, polo de origen, y los resultados, polo de destino.[129] En esta línea conceptual, una ética de la virtud evita hacer daño a los demás y cooperar, o por lo menos no interferir, en la dinámica que implica buscar la felicidad.

Otra manera de determinar si un acto es ético bajo los principios budistas consiste en identificar si resulta perjudicial para el sostenimiento adecuado de la vida. La clave aquí estriba en poder distinguir claramente las repercusiones, latentes y manifiestas, que tienen nuestros actos en los demás. Si no somos capaces de visualizar o prevenir estas repercusiones difícilmente podremos definir lo que está bien y lo que está mal.[130]

Establecer las relaciones reales entre las motivaciones y los resultados de las acciones para discernir qué es ético resulta a veces bastante dificultoso. En ocasiones podemos decir que hay actos beneficiosos, pero que en el fondo esconden una mala intención. Aunque la motivación es crucial en el asunto, puede ser difícil identificarla. En general esa motivación viene acompañada de un estado mental determinado; por ejemplo, si se acompaña de odio o ira, seguramente la motivación vendría contaminada de factores negativos.

Al aparecer en escena una o varias personas a las que les hemos imputado la categoría subjetiva de enemigos, casi inevitablemente realizaremos actos no éticos. Nuestra reacción ante ellos corre parejo a la motivación de confrontarlos, dañarlos, agredirlos y evitar amenazas a nuestra persona, patrimonio o estatus social. Cuando los "enemigos" nos infligen algún daño –considerado como un hecho ya dado–

---

[129] *Ibídem*, p. 121.
[130] *Ibídem*, p. 82.

tenemos la oportunidad de ejercer la paciencia y la aceptación;[131] es igualmente una excelente oportunidad de practicar la ética para la contención, una de las experiencias más difíciles de aplicar, toda vez que llega a confundirse con represión, sumisión o alguna forma de huida.

No podemos esperar tener una ética sustentable en el tiempo y bajo la vía de la virtud sólo reprimiendo la aversión, la ira, la cólera o el odio. Se necesita cultivar antídotos contra esos estados emocionales negativos, como la paciencia o la tolerancia; y para ello se requiere cultivar una mentalidad positiva para ajustar la conducta.[132]

Para el logro de una ética en términos de motivaciones y resultados positivos, también es necesario contar con razonamientos sólidos y lógicos, convincentes. Las conductas no éticas casi siempre se aprenden desde temprana edad, y constituyen respuestas a estados negativos muy recurrentes y habituales. Por lo tanto, el razonamiento es la mejor fórmula para contrarrestar los estados mentales negativos. El darse cuenta de lo dañino de dichos estados y de que no contribuyen a la solución de los problemas representa el primer paso; el segundo consiste en convencerse de que no deben manifestarse en comportamientos y el tercero es abstenerse de actos no éticos. La propuesta ética del budismo parte de comprender que todos los estados mentales negativos, sin excepción alguna, producen desdicha y conflictos: sufrimiento, dukha.[133]

La ética budista significa en síntesis: *Abstenerse del mal y aumentar todo aquello que sea benéfico.*

---

[131] *El mundo del budismo tibetano,* 1998, pp. 93 y 94.
[132] *El arte de la felicidad,* 2000, p. 210.
[133] *La política de la bondad,* 2001, pp. 100 y 101.

Se trata de aplicar los famosos cinco preceptos: sinceridad, generosidad, auxiliar a los que necesitan nuestra ayuda, respetar toda entidad viva y tratar a todo ser con dulzura y aprecio.[134] La esencia del budismo, como señala insistentemente el Dalai Lama, la representa la no violencia. La acción no violenta constituye el principio genérico que guía la conducta ética; por eso la mejor manera de oponerse a condiciones de injusticia, explotación y violencia es la resistencia pasiva, como la practicó el maestro de estas artes, Mahatma Gandhi. Aunque el comportamiento ideal consiste en hacer el bien, o por lo menos, como ya se señaló, evitar hacer daño.[135]

Practicar una ética budista de resistencia pasiva y de apoyo al bienestar requiere estar consciente de todos los aspectos involucrados al realizar una conducta determinada: al darnos cuenta de lo que estamos haciendo, encontramos la clave cuando logramos la atención plena de cómo están nuestros estados mentales y cómo responden a los estímulos exteriores en circunstancias específicas.[136] Todas las escuelas budistas están de acuerdo en que se debe asimilar, mediante la percepción, lo que se está sintiendo y pensando en cada uno de los actos conductuales que realizamos a diario. Esa percepción nos permite, cual si fuéramos científicos, examinar los estados mentales y sus correlaciones con las conductas que generan: cuáles contribuyen a la felicidad, al arte de estar bien, y cuáles anulan esa posibilidad y se suman al sufrimiento y al malestar. Para el Dalai Lama, "ésta es la mayor preocupación de los budistas practicantes".[137]

---

[134] *El ojo de la sabiduría*, 2001, p. 22.
[135] *Más allá de los dogmas*, 1994, p. 25.
[136] *Consejos espirituales*, 2002, p. 70.
[137] *Con el corazón abierto*, 2003, p. 37.

Las conductas se hacen concretas, y se materializan, por medio del cuerpo, la palabra y la mente; es a través de éstos que se efectúan las llamadas diez acciones negativas que se pueden evitar aplicando la ética y la contención verbal y mental. Tres de esas acciones negativas tienen que ver con el cuerpo: dañar la vida (matar), robar y el comportamiento sexual indebido. Cuatro de ellas requieren de acciones verbales: la mentira, el afán de desunir lo que está unido, las palabras hirientes o insultos y lo que se podría llamar el chismorreo o propensión obsesiva a criticar a los demás. Por último, tres acciones negativas pertenecen al área de la mente: experimentar codicia, sentir el deseo de perjudicar a alguien y tener un punto de vista incorrecto o perverso de las cosas y no querer reconocerlo.[138, 139]

Cuando mencionamos el concepto de contención de los actos dañinos, nos referimos a evitar que se den en nuestros tres campos de acción.[140] Se trata de absteneros de reproducir conductas que lastimen el flujo natural y propio de la vida; para ello nos auxiliamos de la ética, que exige una vida disciplinada, no posesiva ni indiferente. "Llevar una vida disciplinada y evitar acciones negativas constituye la ética vital budista."[141] La abstención de las diez acciones negativas se acompaña, como reforzamiento, de los conocidos cinco preceptos budistas:

1. No hacer daño a ningún ente animado; no matar.

2. No apropiarse de lo que no nos pertenece legítimamente; no robar.

---

[138] *El camino del gozo*, 2001, p. 120.
[139] *Visión de una nueva conciencia*, 1996, p. 46.
[140] *Samsara*, 2002, pp. 87 y 88.
[141] *Las cuatro nobles verdades*, 2002, p. 71.

3. No mentir en el afán de ver cumplidos nuestros deseos.

4. No tener relaciones sexuales equivocadas y que lastimen a los demás.

5. No intoxicar la mente con drogas, sustancias químicas o alcohol.

Concentración y meditación son requisitos indispensables

El segundo adiestramiento práctico budista es la meditación, la práctica más conocida en Occidente, y que ha convertido a Buda en un icono. La concentración (*samadhi*, también llamada *shamatha* o *madhi*) y la meditación (*vipassana*) hacen referencia a la misma actividad, aunque cada una pone un énfasis especial en el ejercicio de dominar la mente. Al hecho de sentarse y establecer un tiempo de calma, observación y reconocimiento de pensamientos, emociones y de profunda reflexión se le denomina un ejercicio de meditación,[142] aunque no hay que confundirla con sus dos fases básicas: calma mental y analítica.

---

[142] La meditación budista proviene de la antigua cultura india; se trata de crear un laboratorio "artificial" para adiestrar la mente en su dominio y conciencia. Uno se sienta en el suelo, casi siempre auxiliado por algún cojín o un banco, de preferencia con los pies cruzados: el pie derecho debe ir sobre el muslo de la pierna izquierda; ésta es la posición de loto o semiloto. Además, la espalda debe estar recta, la mano derecha sobre la izquierda con las palmas hacia arriba y a unos cuatro dedos debajo del ombligo. Esta posición requiere que los ojos estén cerrados o semicerrados, la lengua depositada suavemente sobre el paladar de los dientes

El propósito principal de *samadhi* consiste en llevar a la mente hacia la quietud que se obtiene gracias a dos técnicas: la concentración, casi siempre valiéndose de la respiración, y la ampliación, donde la mente se abre a toda experiencia sensitiva, sin apego ni aversión.

La meditación es un método de reconocimiento de la mente por parte de la conciencia que trata de superar las cuatro distorsiones que regularmente forjamos en la vida cotidiana:

1. Sostener que hay permanencia donde no la hay.

2. Sostener que hay felicidad donde hay sufrimiento.

3. Sostener que hay esencia (alma) donde no existe.

4. Sostener que existe placer en lo que es desagradable.[143]

La meditación budista no intenta simplemente poner en blanco la mente para sentirse bien, aunque éste sea un efecto secundario; se trata de una técnica que cultiva, primero, la concentración de la mente en un objeto o entidad determinados, procurando que la atención y su respectiva energía se enfoquen en un solo punto; segundo, tiene dos objetivos:

---

superiores y, en general, el cuerpo relajado y sin tensiones, cómodo y estable. Es recomendable que el lugar de la meditación esté muy limpio, arreglado, con incienso, flores y velas. De preferencia debe ser un espacio tranquilo y agradable. La meditación es de cierta manera un ejercicio artificial, pero eso no le quita importancia o validez; tiene el objetivo de ir familiarizando a la mente con un estado de calma y de análisis menos subjetivos y contaminantes, para después hacer lo mismo en la posmeditación.

[143] *Guía al Tipitaka, op. cit.*, p. 147.

estabilizar la mente en la calma y focalizarla en un punto determinado.

Y, en tercer lugar, la meditación *vipassana* se define como la visión penetrante, pues tiene la finalidad de examinar la naturaleza de la realidad.[144] Persigue como objetivo una percepción penetrante, sustentada en la primera fase de calma y estabilización mental, que hace posible percibir correctamente los fenómenos del samsara y sensibilizarse respecto a sus cualidades condicionantes como la impermanencia, la insatisfacción y la insustancialidad.[145] La meditación, en este sentido, identifica aspectos útiles y benéficos para el logro de una mente reposada y penetrante. Para ello se requiere previamente haber aceptado e identificado aquellos estados mentales nocivos y que causan sufrimiento.[146]

Asimismo, la meditación funciona como un instrumento que nos sirve para cambiar nuestros hábitos de pensamiento y patrones mentales a los cuales les hemos imputado una solidez tal, que nos hace creer que son parte sustantiva y natural de la mente. Por ejemplo, enojarnos cuando las cosas no suceden como deseamos o cuando algo o alguien amenazan nuestros planes o nuestro patrimonio; o cuando sentimos celos y envidia porque otros tienen lo que nosotros queremos tener; o cuando somos esclavos de la codicia cuando queremos satisfacer nuestros deseos a toda costa. Estas reacciones aparecen como "naturales" por la fuerte familiaridad que tenemos con esos estados mentales negativos. La meditación trabaja precisamente para desmitificar la supuesta impronta natural de los estados mentales negativos, para

---

[144] *Emociones destructivas*, 2004, p. 228.
[145] *Introducción al budismo tibetano*, 2004, p. 68.
[146] *El mundo del budismo tibetano*, 1998, pp. 82 y 83.

asignarles sus verdaderas cualidades: ser transitorios y no pertenecer a la naturaleza de la mente. La meditación analítica, o vipassana, procura asumir nuevos estados y actitudes más cercanos a las verdaderas funciones de la mente.[147] Por tanto, se puede afirmar que la meditación afronta con eficacia los estados negativos que nos son tan habituales.

Por medio de la reflexión serena podemos desarrollar una nueva perspectiva sobre la realidad o bien, una conciencia capaz de establecerse más allá de las sensaciones, las percepciones y la volición. Cuando aumenta el nivel de la conciencia, superando los estrechos límites de los ocho intereses ubicados en el yo, las fuerzas opuestas o las contradicciones internas entre las diversas creencias y sentimientos se reducen de manera significativa. En la práctica meditativa budista se dice que la mente dispersa e irreflexiva –que representa una cantidad muy grande de desperdicio energético– comienza a desarrollar la habilidad de establecerse de manera unidireccional, encaminando productivamente la energía mental y acabando con las divagaciones y con los pensamientos caóticos, errantes.[148] Al canalizar la energía bajo una misma atención a un objeto o un tema, la penetración analítica y experimental incrementa su poder y eficacia.

Estabilizar la mente en un estado de calma propicia el cultivo de profundos estados analíticos que permiten ver el fondo de las cosas con claridad y objetividad. Al mismo tiempo, la mente genera una expresión natural de asombro, compasión y alegría. Este estado especial de la mente hábil y compasiva se desenvuelve como un estado anímico entre más se practica la meditación. Desarrollar estos nuevos

---

[147] *El arte de la compasión*, 2002, p. 38.
[148] *Compasión y no violencia*, 2001, p. 70.

estados de ánimo suscita un cambio de temperamento de la personalidad, lo cual conlleva modificaciones importantes de las redes neuronales con lo cual la atención plena y la bondad comienzan a ser relativamente permanentes en los meditadores. De eso se trata este asunto: de mutar un modo de ser obtuso e indisciplinado en otro sereno y con agudeza analítica.[149]

Al practicar la meditación suelen presentarse varios obstáculos, entre los cuales cuatro son los principales:

1. La dispersión o embotamiento;

2. La modorra o tendencia a quedarnos soñolientos;

3. Los estados de excitación, aceleramiento o agitación mental; y

4. La falta de capacidad para el relajamiento toda vez que no estamos acostumbrados a los estados de lucidez y claridad.[150]

El adiestramiento práctico budista en la meditación empieza, como ya vimos, con la llamada inmanencia serena o concentración en un punto único, *samadhi*, donde se elige un objeto y en él "depositamos" la mente; se trata de realizar esta actividad asiduamente ya que no se logra con facilidad. La mente enfocada en un solo objeto rompe el hábito de la dispersión de pensamientos, por lo que puede ir aumentando el tiempo de concentración, con lo cual se logra una calma mental exenta de distracción.[151] ¿Para qué sirve la estabi-

---

[149] *Emociones destructivas*, 2004, p. 359.
[150] *Transforma tu mente*, 2001, p. 20.
[151] *El arte de la compasión*, 2002, p. 85.

lización mental? No sólo para hacer descansar la mente de
sus habituales obsesiones y estrés, sino que también coadyuva a que cuando nos encontremos en situaciones difíciles y
hasta violentas, podamos permanecer tranquilos, sin perturbarnos por circunstancias adversas, y de esa manera reaccionar de modo correcto e inteligente frente a la realidad samsárica.[152]

Ahora bien, para transitar de un estado mental perturbado a uno de tranquilidad, la doctrina budista recomienda
primero tomar conciencia del estado emocional perturbado
e ir pasando, con ayuda de la meditación, a un estado mental neutro. Así, al sentarnos a meditar lo primero que debemos hacer es disminuir la intensidad negativa de los pensamientos y de las emociones, procurando dirigir la energía
dispersa a un escenario más propicio. Para ello hay que valerse de la inhalación y la exhalación, a fin de disminuir la
tensión y la fuerza de las emociones descontroladas y caóti-
cas. La calma mental sirve para compenetrarnos en las implicaciones del dharma.[153]

Para encauzar la mente de modo efectivo a un estado de
calma y estabilidad hay que trabajar con los opuestos (nivel
de meditación Hinayana): se toma conciencia de las perturbaciones y aflicciones y se evita invertirles atención y energía; se trata de aplicar la impermanencia a los pensamientos
y emociones, dejándolos que aparezcan, se desarrollen y se
desintegren por sí mismos: se reconocen, pero no se les aña-
de ni si les quita nada. Esta estrategia meditativa se ubica en
el primer nivel de la escuela Mahayana. Cuando ya se dominan estos dos órdenes de meditación, se pasa a las técnicas

---

[152] *El mundo del budismo tibetano*, 1998, p. 81.
[153] *El camino del gozo*, 2001, p. 33

meditativas tántricas –que no veremos en este texto– que transforman toda energía negativa en positiva por medio de una aplicación de la conciencia de identidad con una o varias cualidades de los diversos budas.

El Dalai Lama propone, utilizando una analogía, tratar las perturbaciones y las aflicciones como si fueran plantas venenosas. La primera alternativa, o nivel, consiste en arrancarlas de la tierra que equivaldría a usar antídotos directos. La segunda opción sería echarles agua hirviendo, lo que se compararía a meditar sobre la sabiduría e insustancialidad de esos pensamientos y emociones perturbadores. Y la última forma de tratarlas, la tántrica, tendría un símil en la capacidad digestiva de los pavos reales que pueden digerir sin ningún efecto negativo los venenos de las plantas y alimentarse de ellas; este último tratamiento se basa en la tradición tibetana más elevada.[154]

Los ochos dharmas, llamadas también, prácticas de verdad, que se han reconocido tradicionalmente en la doctrina budista son los siguientes:

1. Confianza, que se opone a la duda.

2. Determinación, que se opone a la desidia.

3. Perseverancia, que se opone a la indisciplina.

4. Tranquilidad, que se opone al entorpecimiento.

5. Atención plena, que se opone a la dispersión.

6. Comprensión, que se opone al hundimiento y a la dispersión.

---

[154] *Emociones destructivas*, 2004, p. 121.

7. Investigación, que se opone a las falsas asociaciones causales.

8. Ecuanimidad, que se opone al sobre o sub dimensionamiento mental.[155]

Por una costumbre ancestral, la mente ha dominado decisivamente lo que sentimos, las emociones que experimentamos y a todos nuestros pensamientos. Ahora, con la meditación se persigue que sea la conciencia lúcida la que domine y controle la mente, guiándola hacia una dirección virtuosa. Por eso se debe eliminar, o por lo menos disminuir, los hábitos que surgen cuando la mente perturbada nos domina. Gracias a este cambio de hábitos y de patrones mentales, desarrollamos nuevas actitudes de pensamiento, palabra y acción que nos protegen del sufrimiento y el malestar. No es de extrañar que en este sentido el Dalai Lama señale que "la meditación es la base de la práctica espiritual".[156]

Claridad y estabilización son las claves de la meditación *samadhi*.[157] La facultad mental que nos ayuda a visualizar cualquier objeto de concentración se llama introspección. Cuando se logra que ese objeto quede claro y estable, entonces la conciencia inicia el proceso de inspección que permite ver, sensibilizarse y experimentar las cualidades reales, ya sean benéficas o perjudiciales, del objeto de meditación.[158]

Para alcanzar la claridad y la estabilidad mental se requiere estar consciente de las cinco imperfecciones de la meditación a fin de no incurrir en ellas:

---

[155] *El ojo de la sabiduría*, 2001, p. 84.
[156] *El arte de la compasión*, 2002, p. 39.
[157] *La política de la bondad*, 2001, p. 70.
[158] *Un acercamiento a la mente lúcida*, 1994, p. 78.

1. Una actitud letárgica ante la meditación.

2. El olvido del objeto de meditación.

3. Las constantes interrupciones que llevan a la mente a la pereza o a la agitación a causa de los deseos que se experimentan en ese momento.

4. La incapacidad para impedir que sucedan esas interrupciones.

5. La dispersión como producto de la imaginación y la adopción de medidas inadecuadas para enfrentarla.

Ahora bien, conviene saber que la meditación tiene diferentes grados o niveles; tradicionalmente se habla de nueve estadios que describe el Dalai Lama de la siguiente manera:

1. Dirigir la mente al objeto seleccionado para la concentración.

2. Ejercer un esfuerzo continuo sobre el objeto.

3. Tener la capacidad de percibir de modo inmediato cualquier distracción mental, para reducirla inmediatamente.

4. Poseer una visión nítida del objeto que está siendo el foco de la meditación, a fin de distinguir hasta sus más pequeños detalles.

5. Fortalecer el acto de concentración para que la mente asimile los beneficios de la meditación.

6. Expulsar cualquier pensamiento y emoción que se oponga a la meditación, por ejemplo, indolencia, distracción, recuerdos y esperanzas.

7. Mantener con perseverancia la ecuanimidad, para que no haya preocupaciones.

8. Evitar todo tipo de distracciones, dedicando todos nuestros esfuerzos a la meditación.

9. El último estadio se logra cuando el meditador ya no requiere recurrir a ninguna técnica o acción para continuar con su meditación.

Para desarrollar con éxito los nueve niveles se requiere el auxilio de facultades complementarias del adiestramiento práctico budista de la concentración y de la meditación. Las facultades auxiliares son, entre otras: auditiva (mantras, cantos, música o inclusive el canto de los pájaros); reflexiva (por ejemplo, estar convencidos de que la meditación es benéfica y saludable); memorística (tener claro en qué estadio meditativo estamos); conciencia (debe estar abierta, lúcida y sensible a toda experiencia); energía mental (enfocada si hay distracción y suelta si ya hay estabilización mental) y, por último, la facultad de perfección (ir mejorando gradualmente la calidad meditativa).[159]

Igualmente, el logro de los nueve niveles de meditación requiere un equilibrio efectivo entre la meditación de concentración o calma estabilizada de la mente y la meditación analítica. Por medio de la primera se llega a comprender la naturaleza real de los cinco agregados que constituyen al ser humano (cuerpo, sensaciones, percepciones, volición y conciencia); aquí la concentración unidireccional, o enfocada a un objeto, ayuda a la comprensión de los objetos y fenómenos. En torno a este punto, el Dalai Lama afirma que "De-

---

[159] *Introducción al budismo tibetano*, 2004, p. 73.

masiado análisis perjudica la concentración y una concentración excesiva aleja al meditante de la sabiduría analítica. La práctica (meditativa) es una mezcla armoniosa de los dos tipos de meditación".[160]

Una de las técnicas más importantes de la meditación analítica, que sirve además para oponernos a los estados de apego y aversión, se denomina "contemplar el origen del pensamiento". Se trata de observar, con la conciencia como testigo de uno mismo, cómo aparecen los pensamientos, remontándonos hacia sus fuentes; se observa cómo se quedan y cómo desaparecen.[161] Esta práctica parte del hecho inobjetable de que en la mente no pueden coexistir al mismo tiempo dos pensamientos ni dos emociones, lo que da la oportunidad de observar uno por uno. La idea aquí es desarrollar una actitud donde se presta atención a la disgregación de la aparente solidez y seudo-realidad de los pensamientos, rompiendo sus cadenas obsesivas y perturbadoras.

La meditación más profunda, la que está en los últimos niveles de concentración, desarrolla un "darse cuenta" tal que de manera directa y no dualista permite experimentar la mente tal como es: es el camino de la visión. Pero esta capacidad de observación necesita, como hemos insistido, tranquilidad mental.[162] Para la concentración de la calma mental debemos recurrir a los antídotos que identifican y anulan los estados mentales negativos. Por ejemplo, cuando se siente odio, conviene enfocarse en la meditación sobre el amor; cuando nace el deseo en general sobre algo o alguien, el en-

---

[160] *La meditación paso a paso*, 2001, p. 140.
[161] *Emociones destructivas*, 2004, p. 225.
[162] *Un acercamiento a la mente lúcida*, 1994, p. 27.

foque se encauza a la concentración respiratoria: observar la inhalación y la exhalación.

Por siglos de experiencia, se sabe que el mejor método para superar un deseo es erradicar el hábito de considerar un yo duradero e inmaculado.[163] De ese modo, pueden surgir las pulsaciones de compasión y amor dentro del corazón. En este sentido, el Dalai Lama siempre recomienda meditar sobre la compasión, sobre las supuestas diferencias entre el yo y los otros y en la dependencia, o interconexión de todos los objetos y fenómenos, pero principalmente entre los humanos.[164]

Para el cultivo adecuado de la compasión, la tradición budista del Tíbet sugiere considerar a todo ser viviente como si hubiese sido nuestra madre en algún momento de nuestras vidas pasadas; de esa manera generamos estima, cariño y respeto por todas y por todos. Cuanto más fuerte es ese sentimiento de amor universal, menos cabida tendrán los estados mentales negativos, pues recordemos que dos emociones no pueden coexistir al mismo tiempo y en el mismo espacio.[165]

Existe otro método muy efectivo llamado "igualarse a los demás". Se trata de cultivar la compasión desarrollando una actitud que se basa en la comprensión del principio de que al igual que yo deseo la felicidad y evitar el sufrimiento, los demás hacen exactamente lo mismo; por eso podemos imaginar sus esfuerzos y métodos para lograrlo, aunque a veces no estemos de acuerdo con ellos.[166] Al respecto, el lector

[163] *El mundo del budismo tibetano*, 1998, p. 184.
[164] *Conversaciones con el Dalai Lama*, 2005, p. 42.
[165] *El camino del gozo*, 2001, p. 145.
[166] *Con el corazón abierto*, 2003, p. 83.

puede recurrir a las meditaciones que exponemos en los anexos III y IV del presente libro.

La meditación *vipassana*, que nos ayuda a profundizar en las verdaderas cualidades de la realidad, tiene el objetivo vital de cultivar sabiduría fundamentada en el discernimiento correcto de las cosas, desarrollando una apreciación inteligente del sentido último de las cosas de la vida; un acercamiento analítico que se sustenta en la estabilización mental, *samadhi*, combinada con la observación reflexiva.[167] Todo ello lleva a la certidumbre de que de la mente pueden ser extirpados las perturbaciones, aflicciones y los engaños que forman el bagaje sustantivo de *dukha*, la molestia e incomodidad de existir en el samsara.

Por tanto, el modo de meditación budista hace cesar deliberadamente todo tipo de pensamientos perturbados y de percepciones incorrectas. Para ello se requiere plena conciencia de qué es lo que perciben los sentidos y evitar la generación continua de pensamientos compulsivos y neuróticos; poco a poco los sentimientos de tristeza y alegría, que corresponden al pasado y al futuro, se desvanecen y en su lugar quedan la calma y la aceptación ecuánime. De esa manera, la meditación llega a un estado que ya no se preocupa por la memoria del pasado ni tampoco proyecta nada hacia el futuro: la atención mental se ubica sólo en el presente. Ahí empiezan a aparecen las cualidades naturales de la mente a la luz de la conciencia. También se presenta un estado de vacío y claridad de la conciencia, que es la percepción correcta de las cosas.[168]

---

[167] *La meditación paso a paso*, 2001, p. 155.
[168] *Ibídem*, p. 116.

Todos estos ejercicios de meditación, según el Dalai Lama, tienen equivalentes en la ciencia, y específicamente, en la neurociencia. Se ha descubierto que el cerebro genera nuevas células y neuronas en función de las nuevas experiencias y de los procesos de aprendizaje innovadores. A esta capacidad del cerebro se le ha llamado "plasticidad neuronal".[169] Esta formulación de la más reciente medicina neurocientífica implica que los hábitos de pensamiento y los patrones mentales, que se materializan en redes fijas de neuronas, pueden ser alterados y cambiados por otros. Esto significa que la materialización en el cerebro de los estados perturbados mentales y de las aflicciones emocionales son susceptibles de ser eliminados gracias a la creación de nuevas redes neuronales que propician estados de calma, sabiduría y compasión,[170] de ahí que la meditación se refleja en los cambios de comportamiento material de la estructura biológica del cerebro.

De esa manera, para que la mente asuma el principio sustancial de la realidad, que es la naturaleza transitoria de la vida, tiene que comprenderlo plenamente. La comprensión implica un modo de vida en donde la meditación constituye un aspecto fundamental y en él se concibe el sentido de la impermanencia como la máxima representación de la existencia: es la base y el principio de la sabiduría pues nos permite distinguir el estado mental sano del insano, y si la mente está atada y apegada o no.[171]

La sabiduría hace que tomemos conciencia plena, trascendental, de cualquier cosa a cada instante, y así es como

---

[169] *Emociones destructivas*, 2004, p. 415.
[170] *Ibídem*, p. 419.
[171] *Ibídem*, p. 212.

las personas pueden adquirir una fuerte sensación de ecuanimidad e invulnerabilidad frente a las perturbaciones mentales y las aflicciones emocionales, causantes de los sufrimientos personales y sociales.[172]

La sabiduría es comprender las cosas como son

Las sensaciones, percepciones y la volición nos conectan con
el mundo externo, y van desde las más orgánicas hasta las
más conscientes; el mundo produce millones y billones de
datos e información que nuestro cerebro es incapaz de pro-
cesar directamente, por eso es necesario establecer un mecanismo de filtración: seleccionamos qué datos e información
procesaremos dependiendo del modelo de percepciones que
tengamos. Realizamos, segundo a segundo, una abstracción
(selección previa), a veces bastante agresiva, de los estímulos
externos. Frente a esos millones de estímulos decidimos a
cuáles les vamos a prestar atención y a cuáles no. Esa selección de la realidad viene determinada por los hábitos mentales y por nuestros patrones de pensamiento, que constituyen nuestras creencias y prejuicios, y nuestro modo de ser en
el mundo; ellos nos dan identidad y seguridad de cómo pensar y cómo actuar frente a los cientos de circunstancias y situaciones que vivimos cotidianamente.

La selección previa que realizamos para definir qué factores de la realidad son válidos y cuáles no, hace que lo que se
presenta como una entidad total la dividamos en partes que
aparecen en nuestra mente como separadas, como si cada
una de ellas tuviera existencia propia y no estuviera determinada por las leyes de la causalidad y de la determinación de-

---

[172] *Ibídem*, p. 224.

pendiente, tanto de otros factores como de sus elementos internos que le dan forma y dinámica. Por eso, la ignorancia en el budismo se define como una percepción errónea de la mente: vemos en las cosas de la vida lo que no son.

Los procesos de selección que hacemos de los impulsos exteriores se llevan a cabo de manera individualizada, por lo que la frase de que "cada cabeza es un mundo" no está tan equivocada. En este sentido el Dalai Lama recomienda que en la práctica espiritual deba haber espacios de privacidad para poder entender cuáles son las percepciones internas de uno. Pero hay prácticas que es conveniente que se realicen de manera colectiva. El compromiso con los demás parte de que deseamos comprender las situaciones que viven y poder ayudarlos.[173]

De ahí que en el budismo se hable de "refugiarse", por un lado, y por el otro, de desarrollar un buen corazón, es decir, procurar formarse en el desarrollo de la *bodhichitta* (*chitta* quiere decir mente, y *bodhi*, iluminación: cultivo de la mente que desea la iluminación para poder ayudar a los demás).[174] El refugio se crea tradicionalmente con ayuda de tres factores: el Buda, el dharma (la enseñanza de Buda y sus discípulos) y la *sangha* (la comunidad que asume los principios espirituales del Buda y de lo que dicta el dharma). Por tanto, la *bodhichitta* se funda en el reconocimiento de la temporalidad de todo objeto y fenómeno existente y en la comprensión cabal de la naturaleza del ser, que es el sufrimiento.[175]

---

[173] *Mundos en armonía*, 2001, p. 110.
[174] Vea el anexo IV: Ceremonia para generar una mente de bodhichitta.
[175] *Memorias del Dalai Lama*, 1998, p. 287.

Tanto el refugio como el cultivo de la *bodhichitta* se alcanzan, como hemos visto, adquiriendo la destreza meditativa en sus aspectos de calma (*samadhi*) y de visón profunda y correcta (*vipassana*); con esta habilidad se practica un profundo examen de las cosas.[176] Canalizar la energía meditativa e intelectual sirve para comprender lo que implica vivencialmente el concepto de interdependencia, pues esto nos permite advertir cómo nuestra paz, la felicidad y nuestros malestares y sufrimientos dependen de ciertas causas y son resultado de numerosos factores y condiciones.[177] Sobre la base de la comprensión de la interdependencia, punto nodal de la sabiduría budista, puede uno ir aumentando las cualidades buenas y reduciendo las malas.

La transformación sin embargo no significa un cambio de corto plazo ni un cambio total, sino que es un desarrollo gradual de la manifestación de lo que se llama "la naturaleza interna de Buda" que se identifica con la mente más sutil llamada luz clara.[178]

Es así como por medio de la sabiduría derivada del cambio ético y moral de nuestra conducta y de las prácticas meditativas profundas y prolongadas, el espíritu individual logra fundirse con el espíritu de la budeidad para lograr, por fin, entender la realidad y eliminar tanto las perturbaciones mentales, las aflicciones emocionales y la ignorancia. Cuando se logra combinar en su totalidad la ética, la meditación y la sabiduría se dice que la sustancia de la luz clara, del espíritu sutil, se manifiesta libre de cualquier condicionante del samsara y, por ende, se aleja de toda experiencia de dukha,

---

[176] *El ojo de la sabiduría*, 2001, pp. 82 y 83.
[177] *Más allá de los dogmas*, 1994, p. 25.
[178] *El poder de la compasión*, 2001, p. 12.

de sufrimiento y de cualquier percepción dual y polarizada de la realidad. La sabiduría es el último adiestramiento
que permite superar los obstáculos que se oponen a la visión
de "la naturaleza última de toda existencia".[179]

También se puede entender la sabiduría de los tres adiestramientos de la práctica budista como un conocimiento de
los llamados "dharmas opuestos", lo que significa conocer
las causas que conducen a la desaparición de la paz interna y
de la felicidad. Si logramos identificar los obstáculos y vicios
mentales, podremos cultivar los factores que inhiban su presencia.[180] Eso es lo que hace la disciplina práctica budista
por medio de la transformación conductual y de los ejercicios de meditación.

El método de conocimiento budista, por lo tanto, se sustenta en un proceso constituido por tres elementos: base, vía
y fruto. La base significa el hecho o la realidad del fenómeno, su naturaleza para lo que está dispuesto o para lo que
existe. Ahora bien, un resultado o fruto requiere seguir una
vía, un camino. Para el budismo el fruto implica la liberación de la mente de sus engaños. Pero este proceso libertario
nace de un hecho indiscutible: el mundo que vivimos está
saturado de malestar, imperfección y sufrimiento. En este
sentido, el método de conocimiento puede cambiar y transformar la mente por medio de la práctica de la vía, el camino espiritual.[181]

Shantideva[182] creó un método de conocimientos que
ofrece óptimos resultados para reducir las aflicciones que se

---

[179] *La fuerza del budismo*, 1995, p. 137.

[180] *El ojo de la sabiduría*, 2001, p. 79.

[181] *La meditación paso a paso*, 2001, p. 86.

[182] Shantideva fue hijo de un rey, fue maestro budista indio y vivió alrededor del siglo VII y VIII de nuestra era, es el autor de uno de los textos

manifiestan en estados de preocupación, ansiedad y estrés. Se cultiva el siguiente pensamiento: si la situación o problema tiene remedio, hay que dedicarse a buscar su solución y no preocuparse; así evitamos estar abrumados debido a la puesta en práctica de la solución al problema; la "acción apropiada, por tanto, es la de buscar la solución".[183] Pero si el problema definitivamente no tiene solución, entonces no vale la pena preocuparse porque simplemente no podemos hacer nada. Queda entonces sólo aceptar las cosas tal y como son, procurando que los efectos del problema sean lo menos impactantes posibles para el bienestar de uno y de los demás.

Lo importante es saber cómo actuar en las situaciones problemáticas, porque en las fáciles y benéficas la acción no requiere gran esfuerzo; así pues, se debe usar el sentido común para definir qué es lo acertado y qué es lo erróneo. De esa manera, podemos accionar nuestros recursos sabiendo qué tipo de efectos lograremos. Pero cuando nos sentimos ofuscados o iracundos perdemos la capacidad de distinguir entre lo correcto y lo incorrecto. La mente perturbada y caótica pierde en gran medida su poder de discernimiento.[184] Por tanto, para poder superar los estados perniciosos se requiere aplicar la sabiduría; todos los demás antídotos que nacen de una mente estabilizada y analítica, como el amor, la compasión, la tolerancia y la paciencia, sólo inciden indirectamente sobre las perturbaciones y aflicciones: pueden disminuir significativamente su intensidad, pero no las pue-

---

más famosos del budismo mahayana que tiene el título de Guía de las obras del Bodhisatva, el Bodhicaryavatara. Hay varias versiones en español de su obra.

[183] *El arte de la felicidad*, 2000, p. 226.
[184] *La política de la bondad*, 2001, p. 48.

den destruir. Únicamente la sabiduría puede eliminar efectivamente la ignorancia y la ilusión.[185]

En este contexto, la comprensión de la interdependencia, que es el otro lado de la vacuidad, tiene el efecto de desprendernos del apego a objetos y fenómenos. Cuanto mayor sea la compenetración en la vacuidad, en las relaciones causa-efecto y en la naturaleza última representada por la vacuidad de todos los objetos y fenómenos, más débiles serán la aparición y desarrollo de las perturbaciones y de las aflicciones.[186]

La idea de la práctica budista de la sabiduría es comprender tanto la naturaleza última de las cosas como convencernos, de manera razonable, de que las creencias habituales de la permanencia, de la felicidad externa y de la esencialidad en las cosas pueden ser desterradas.

Alcanzar el pleno estado de conciencia, de iluminación, es factible en la medida en que se comprende que la mente tiene la capacidad para desalojar todos los factores nocivos que por acciones realizadas en el pasado se han sedimentado en su base. El proceso de purificación y acumulación gradual de cualidades positivas y de sabiduría tiene la meta de hacer resaltar en la práctica cotidiana la naturaleza esencial de la mente, que es conocimiento, experiencia y bondad. La mente sutil de luz clara es como un lingote de oro que a través de los años se ha impregnado de capas de inmundicia y tierra, pero poco a poco podemos ir despojándolo de esos sedimentos que no nos dejan ver su brillo y su valor. Cuando se alcanza la conciencia de la sabiduría, dejan de existir emociones enfermizas y destructivas, que son la inmundicia que ocultaba a la luz clara de la mente.[187]

---

[185] *Pacificar la mente*, 2000, pp. 112 y 113.
[186] *Las cuatro nobles verdades*, 2002, p. 95.
[187] *Emociones destructivas*, 2004, p. 125.

De ahí que el Dalai Lama nos aconseje que frente a cualquier situación problemática, analicemos todos los ángulos del problema, porque con una mente obstruida dejamos de lado los aspectos que de antemano hemos desvalorizado hasta decretar su no existencia, lo que limita severamente una perspectiva correcta del asunto del que se trate.[188] Abrir el campo de la visión sobre los objetos, fenómenos, situaciones y condiciones es la clave para desarrollar una mente que se guía por la vida con sabiduría, sin apegos ni aversiones.

La sabiduría entonces nos hace comprender que las proyecciones positivas o negativas que ejercemos sobre las demás personas casi siempre son muy poco razonables; dejar de lado los tres venenos del odio, la codicia y la ignorancia posibilita que la mente entienda la realidad. La sabiduría refleja la realidad con fidelidad, hace ver cómo son las cosas en realidad, y no según nuestros hábitos de pensamiento, preceptos, emociones y patrones mentales.[189]

Evidentemente en la vida de todos nosotros sobran y abundan los problemas, pues además de que somos susceptibles a las enfermedades, accidentes, envejecimiento y la muerte. Desde la perspectiva budista, las situaciones adversas se deben afrontar con sabiduría y tranquilidad.[190] Con la idea de que todos deseamos la felicidad y queremos evitar el sufrimiento se puede abrir una perspectiva nueva para encarar los problemas y las diversas situaciones que vivimos cotidianamente de un modo más sabio e inteligente. En lugar de resaltar nuestras diferencias de creencias y criterios, y en vez de enaltecer y subestimar las cualidades negativas o positivas

---

[188] *El arte de la compasión*, 2002, p. 18.
[189] *Ibídem*, p. 31.
[190] *Compasión y no violencia*, 2001, p. 25.

de las personas, circunstancias y situaciones hay que practicar la idea de la igualdad en la búsqueda de la felicidad.[191] Ahora bien, ese enfoque requiere el cultivo constante de la paciencia y la consideración hacia los demás. Para la doctrina budista el enemigo es una figura necesaria y hasta recomendable porque nos brinda la oportunidad para cultivar la paciencia y la verdadera compasión. Es obvio que ejercer la compasión con los que amamos se facilita en gran medida, pero aplicarla a nuestros adversarios resulta por demás difícil.

La práctica de la tolerancia, definida como un estado mental abierto e incluyente, sólo alcanza su objetivo cuando se presentan problemas o cuando entramos en conflicto con nuestros adversarios. Un enemigo o una situación adversa se pueden convertir en excelentes oportunidades para cultivar la ética, la meditación y la sabiduría.[192] Los enemigos, entonces, son personas que nos ofrecen la oportunidad de practicar los estados mentales positivos y virtuosos; ponen a prueba la fuerza interna que hemos logrado. Como dice el Dalai Lama: "Pensando en estos términos y utilizando estas razones, uno acaba adquiriendo una especie de respeto extraordinario hacia sus enemigos".[193]

Esta práctica de considerar al enemigo como una persona digna de respeto y consideración, además de indicarnos el nivel de nuestro desarrollo espiritual, produce efectos prácticos en el proceso de adquirir la sabiduría budista para aplicarla en la vida; aumenta asimismo la compasión utilizando la destreza de "dar y recibir". Esencialmente se trata de visua-

---

[191] *El arte de la felicidad*, 2000, p. 87.
[192] *La política de la bondad*, 2001, p. 154.
[193] *El mundo del budismo tibetano*, 1998, p. 95.

lizar que uno absorbe el sufrimiento, el dolor, la negatividad y las experiencias desagradables de otros seres sensibles por medio de la inhalación en la meditación. Posteriormente, con la exhalación se comparten cualidades positivas, felicidad y energía positiva. Éste es un ejercicio que procede de una sólida confianza en la sabiduría, pues hay que estar convencidos de que ayuda, y mucho, a la transformación psicológica de la mente, dirigiéndola hacia el amor y la compasión, que resultan fundamentales en la doctrina budista y en la sabiduría del arte de estar bien con el mundo, con los demás y con uno mismo.[194]

En la disciplina budista, también es relevante el ejercicio de las cuatro fuerzas, que se establece como una práctica de arrepentimiento de actos perjudiciales realizados con anterioridad. La primera fuerza es sentir pena y contrición por lo hecho. La segunda consiste en tomar la decisión de no volver a cometer ese acto cuyos resultados tienen efectos perversos; la tercera fuerza persigue purificar los efectos de actos dañinos por medio del refugio y otras ceremonias; por último, como cuarta fuerza se plantea hacer ejercicios de meditación sobre la naturaleza de las cosas y cultivar el amor y nuestra evolución espiritual.[195]

La sabiduría no sólo es "saber" sino también ejercer habilidades para superar los obstáculos y transformar estados turbulentos en otros sensibles y amorosos. El cuestionamiento de un yo o alma esencial y sustancial en las personas, tiene el propósito de romper con el hábito de estimarse y valorarse uno mismo más que los demás, lo que produce indiferen-

---

[194] *El poder de la compasión*, 2001, p. 65.
[195] *Ibídem*, p. 110.

cia hacia ellos, y ponderar el mundo de las relaciones con la gente.[196]

Plantear que uno sienta indiferencia hacia uno mismo, y no adoptar prácticas de autoestima que se promueven en numerosas obras de autoayuda, parece un contrasentido en una época en que se deifica el individualismo; pero para el budismo, este tipo de actitudes en nada contribuyen a establecer causas y condiciones que superen el malestar reinante que trae consigo estrés, ansiedad y frustración. Ahora bien, este hábito tan poderoso de estar ensimismado y de exaltar la individualidad en beneficio propio se combate con el sistema práctico de "intercambiarse por los demás", que trata de debilitar el apego obsesivo y neurótico derivado de la apropiación de objetos y de fenómenos externos. Entonces, el elevado valor que nos atribuimos a nosotros mismos, lo transferimos a otros. De esta manera, nos convencemos de que el egoísmo hace que uno se quede aislado, separado de los demás bajo la creencia de que es lo más importante; por eso el intercambio nos permite afianzar la idea de que las personas que nos rodean son más importantes en términos de bienestar y de vivir bien que uno mismo.[197]

Todas estas prácticas, que cultivan la mente de *bodhichitta* y que se materializan en la formación espiritual de un *bodhisattva*,[198] hacen realidad la transformación del samsara, del

---

[196] *El camino del gozo*, 2001, p. 159.

[197] *Ibídem*, p. 162.

[198] Bodhisattva se entiende mejor si se divide en dos palabras: *bodhi* significa iluminación o la sabiduría de conocer la naturaleza última de la realidad; y *sattva* es una persona que cultiva el sentimiento de compasión. Por eso, bodhisattva es aquel que aspira a practicar la compasión universal con una mente sabia e iluminada en la comprensión de las cosas tal como son. *Memorias del Dalai Lama*, 1998, p. 284.

mundo oscuro del malestar y la ansiedad de los deseos compulsivos,[199] en un estado superior altruista, que permite tener experiencias más allá del confinamiento del ego y de ideas retrógradas. Se trata de adquirir la capacidad de analizar objetivamente cada situación, principalmente las adversas, de manera que se puedan tomar medidas ecuánimes y sin propiciar conflictos y buscando siempre el beneficio colectivo. Obviamente que la acción que se desprende de estados mentales limpios es mucho más productiva que la perturbada.[200]

El estado mental de *bodhichitta*, por lo tanto, tiene la capacidad de reconocer el sufrimiento en los enemigos, en los conocidos y en los extraños; responde a él de manera eficaz y ecuánime, por lo que no contempla el malestar con depresión ni con estrés, no hay presunción, pero tampoco autosuficiencia. La sabiduría nos auxilia a evitar riesgos y a definir la vía del camino medio para estar siempre atentos a la dinámica de nuestros agregados, pero sobre todo se interesa por la situación sufriente y dolorosa de los demás, procurando ayudar a su disminución lenta pero segura y constante.[201]

Para el budismo la sabiduría se revela al aplicar las enseñanzas de Buda en el momento y en el lugar adecuados para transformar nuestra mente perturbada en una mente sutil, formada de luz y de calma; experimentar que al desaparecer el predominio del yo en nuestra vida, nos proveemos de un arsenal de estados mentales virtuosos que erradican el sufrimiento y promueven la felicidad.

---

[199] *Ibídem*, p. 163.
[200] *Mundos en armonía*, 2001, p. 150.
[201] *Ibídem*, p. 54.

5

LAS TRES DIDÁCTICAS DEL BUDADARMA

La sabiduría de escuchar el dharma

Por desgracia la mente bondadosa no aparece de manera natural, sino que demanda un camino espiritual que debe transitarse de modo voluntario, consciente y propositivo. La felicidad verdadera, o estado de quietud, calma y satisfacción, se tiene que construir, pues si bien sus raíces se encuentran ya en el interior de cada uno de nosotros, hay que realizar un trabajo sistemático y constante para que se desarrollen, fluyan hacia la superficie, manifestándose en la vida regular y cotidiana que todos tenemos.

El arte de estar bien se sustenta en la compasión por los demás y en el conocimiento real de las cosas. Todo el camino de ese arte se inicia con un desprendimiento: dejar de lado los hábitos arraigados de pensamiento y los patrones mentales que han nacido y crecido al amparo de las percepciones equivocadas sobre los objetos y los fenómenos. De hecho, el arte de estar bien surge de una simple duda: ¿Son correctas las acciones que realizo? Por lo general la respuesta será que no han sido correctas porque han producido más sufrimiento y ansiedad que felicidad y alegría; de no ser así, usted, primero, no habría llegado a leer este libro, y segundo, nada de lo expuesto aquí le sería de utilidad.

Hay que empezar pues por cuestionar las creencias y los comportamientos a los cuales nos hemos acostumbrado tan bien ya que nos dan, de una manera u otra, cierta sensación de permanencia, de placer y de sustancialidad. De ese modo, por medio de la escucha, la práctica, de la concentración o esfuerzo intelectual y del estudio comienza la búsqueda espiritual. Aquí iniciamos el proyecto del arte de estar bien, feliz y en paz.

El budismo reconoce alrededor de 84 000 engaños mentales, desde los más burdos hasta los más sutiles. Cada uno de ellos, a su vez, contiene un antídoto que lo contrarresta desde tres áreas: la ética, la meditación y la sabiduría. Son los campos budistas *de shila, samadhi* y *vipassana* y *prajña*. Para el cultivo y desarrollo de estos campos de la práctica budista existen tres vías o escuelas generales como ya lo hemos expuesto.

La práctica de la escuela Hinayana, la más antigua de todas, se enfoca en la persona que desea su liberación para dejar de sufrir y estar bien; en síntesis, enseña la liberación individual, de ahí que se aboca al mundo interior y psicológico. La segunda escuela, que se expone en este libro, es la Mahayana, también llamada Gran Vehículo, porque aquí se trata no sólo de lograr la liberación personal de uno mismo, sino la de los demás; de ahí que va "de dentro hacia fuera", privilegiando las relaciones sociales que entablan las personas en todos los niveles de la existencia. Por último, la tercera escuela, llamada Vajrayana, procura utilizar las cualidades de Buda para que sean reproducidas por las prácticas tántricas en las personas. En este caso, la liberación se consigue bajo el uso intensivo de todo tipo de energías ya sean positivas o negativas.

Las escuelas del budismo utilizan diversos sistemas que describen y señalan caminos heterogéneos y diversos métodos para satisfacer las aspiraciones a una felicidad duradera y a la búsqueda de mecanismos para salir de los campos del sufrimiento y del malestar existencial. Ello correspondiendo a las múltiples necesidades y personalidades que los seres humanos han creado a través de sus historias, culturas y sociedades.

Aunque el primer paso es estrictamente intelectual, los siguientes son vivenciales y experimentales. De lo que se trata es de ir logrando espacios donde la certeza se convierta en una firme actitud que toma el control de los pensamientos obsesivos, automatizados y de las emociones sin control que propician nuestras falsas creencias y prejuicios. En última instancia los razonamientos metódicos van armando las verdades, una visión correcta basada en escuchar, meditar y estudiar sistemáticamente las enseñanzas del dharma.[202]

El escuchar el dharma, poco tiene que ver con la historia y la calidad humana de quien lo expone; el dharma es la sabiduría que es irreducible a la ética y moral de quien lo expone. No importa quien diga la palabra de Buda; importa más su significado y sus repercusiones para el cambio de hábitos y patrones mentales equivocados e inadecuados en pro del bienestar, de la paz y de la felicidad.

El examen analítico de los dharmas ha de fundamentarse en sus implicaciones para la experiencia mental y sensorial. La puntualización sobre una hipótesis convincente se convierte en un eslabón de la sabiduría (*prajña*). Recordemos

---

[202] *Pacificar la mente*, 2000, pp. 103 y 104.

que las enseñazas budistas están divididas en tres canastas o cestas, a saber: *Vinaya*, o código de la disciplina para monjes(as) y laicos(as); se trata de la ética y la moral budista. Esta primera cesta representa el grupo de enseñanzas de la disciplina y sirven para establecer el significado de las prácticas y la moralidad. En la segunda cesta los sutras o discursos de Buda dados a diversas audiencias, referidos a los sermones de cómo comprender y qué hacer con la vida y la disciplina meditativa; es la cesta de los discursos y su objetivo consiste en exponer las doctrinas y sus significados. Por último, en la tercera el *Abhidharma*, que son comentarios profundos y literatura filosófica elaborada por diversos discípulos y maestros de budismo; aquí se encuentra la psicología y la cosmovisión de la doctrina, es decir, la base de la sabiduría. El *Abhidharma* se conoce, por lo tanto, como el grupo de enseñanzas del conocimiento manifiesto, y está pensado para desarrollar y cultivar el discurso del dharma y sus significados más profundos.[203]

En conjunto, estas enseñazas, derivadas casi todas ellas de sermones y discursos orales y aprendidas de memoria por los discípulos, constituyen el *Tripitaka*.[204] El Hinayana está más ligado a las enseñanzas de los escritos *Vinaya*; por su parte, la escuela Mahayana tiene su principal sustento en los sutras y el *Vajrayana*, la escuela del budismo más reciente, está inscrito sobre todo en el *Abhidharma*. En términos geográficos cada escuela ha tenido su predominancia histórica y cultural en diversos países. El Hinayana se encuentra principalmente en Ceilán (Sri Lanka), Tailandia y Camboya. La escuela

---

[203] *Visión de una nueva conciencia*, 1996, p. 41.
[204] *Las cuatro nobles verdades*, 2002, p. 46, y *El camino del gozo*, 2001, p. 210.

Mahayana se desarrolló ampliamente en China, Japón, Vietnam y Corea. Y, por último, el Vajrayana se cultiva, entre otros países, en el Tíbet, Mongolia y Japón.[205]

Cabe señalar que las escuelas budistas tienden mucho a combinarse y convivir entre ellas, por lo que es muy común encontrar que una escuela tiene ciertos rasgos de otras. Por ejemplo, el budismo en el Tíbet se desarrolló combinando prácticas de cada una de las escuelas antes reseñadas de un modo bastante original y propio.

Hay que observar que las enseñanzas, en especial aquellas que se basan en la palabra oral, se dan de manera diferenciada dependiendo de los antecedentes y conocimientos previos de la audiencia. Por ejemplo, *tsog she* se ofrece de manera pública, abierta y resulta accesible para todas las personas. Hay otro tipo de enseñanza, llamada en tibetano *lob she*, que significa la enseñanza a los discípulos; obviamente aquí las enseñanzas serán más selectivas, dirigidas con profundidad y con una mayor capacidad conceptual de comprensión.[206]

Para romper los hábitos compulsivos y, por ende, coercitivos de nuestra verdadera libertad, hay que comprender que éstos se establecen en tres órdenes o disposiciones. Primero están los hábitos mentales que se representan en los pensamientos que aparentan ser naturales y obvios. Después están los hábitos emocionales, que podrían definirse como los sentimientos consolidados en nuestro carácter y personalidad. No son los sentimientos que aparecen de manera coyuntural o de forma esporádica, sino los que impulsan uno o varios hábitos de pensamiento. Por ejemplo, enojarnos al recordar

[205] *El mundo del budismo tibetano*, 1998, p. 9, y *Conversaciones con el Dalai Lama*, 2005, p. 163.
[206] *El buen corazón*, 2000, p. 64.

a alguien que nos ha robado. Y en tercer lugar, están los hábitos corporales reactivos (los que responden de manera inconsciente y automática) a los pensamientos y los sentimientos determinados. Por ejemplo, cuando recordamos que alguien nos robó, nuestro rostro se endurece, y puede ser que incluso nuestras manos se contraigan en un agresivo puño.

Sin duda, la predominancia de las emociones negativas y los pensamientos compulsivos de apego y aversión, hacen que el mundo sea poco amable y pacífico. El saber escuchar enseñanzas para el logro de la compasión y el entendimiento correcto de las cosas es una práctica que se ha vuelto urgente hoy en día, en tanto que también ayuda a la disciplina interior y a tener un discernimiento basado en la verdad de las cosas. Mientras que los problemas siempre aparecen en relación con otros, el desarrollo de los cuatro *paramitas* del budismo (amor bondadoso, compasión genuina, gozo y ecuanimidad) están referidos hacia y para los demás. Si bien existen problemas individuales, particulares de cada persona, el mundo interior sólo se trasciende cuando salimos de los infiernos del ensimismamiento.[207] El aprendizaje privilegia, por lo tanto, la necesidad de superar los pensamientos errantes y las emociones negativas.[208]

La tradición de enseñar el dharma por medio de discursos orales y de la escucha viene desde la época de Buda; en aquel entonces no se contaba con textos que plasmaran esos discursos; la palabra hablada se convirtió en el único medio

---

[207] Una de las mejores meditaciones para destronar al yo como el sujeto de centralidad mental es la que presentamos en el anexo V: Meditación sobre los seis elementos de Sangharakshita.

[208] *El arte de vivir en el nuevo milenio*, 2000, p. 187.

posible de transmisión del dharma. Hoy se sigue utilizando esta didáctica, que por cierto en muchas ocasiones resulta más poderosa que la del estudio. A esta didáctica la sustentan los tres ciclos de enseñanza que realizó Buda a lo largo de su vida; cada ciclo también se denomina "Vueltas de la rueda del dharma".

En el primer ciclo o rueda del dharma Buda expuso las cuatro nobles verdades (que incluyen el Noble Óctuple Camino) y todo lo concerniente a la ley de la causalidad, el origen dependiente y la interdependencia de toda entidad animada e inanimada.

El segundo ciclo de enseñanzas contempla la inexistencia de sustancia perenne dentro de los objetos y fenómenos, que es la teoría de la insustancialidad y la falta de existencia autónoma e independiente.

Por último, en el tercer ciclo el Buda propone el camino medio hacia la iluminación, y critica al nihilismo, que plantea que nada existe y que todo es producto de la mente, y al materialismo, que postula que lo único que importan son las formas sólidas y físicas.[209]

Cada ciclo de enseñazas conlleva la construcción de tres vías de la budeidad; es decir, implica la formación de personalidades que han definido la doctrina; no es una relación mecánica, pero existe correspondencia. Primero, en la vía de la contemplación y escucha las personas logran percibir correctamente la realidad y la naturaleza aparente y última de las cosas de la vida; es el *darshan marga*. La segunda personalidad, *bhavana marga*, o vía de la práctica meditativa, fomenta una experiencia directa que conduce a la sabiduría y, al mismo tiempo, suscita la expresión de la mente sutil, de

---

[209] *La meditación paso a paso*, 2001, p. 201.

la budeidad interna hacia el mundo externo. Por último, el *akshikshita* significa la vía donde las personas ya no son guiadas, pues conocen a plenitud los mecanismos de la liberación del mundo condicionado por la impermanencia, la insatisfacción y la insustancialidad.[210]

En el budismo saber escuchar es una virtud muy apreciada toda vez que se trata de una de las mejores maneras de asimilar el dharma. Su práctica inicia cuando escuchamos a los maestros que se han especializado en uno u otro tema del budismo. De esta manera empezamos a tomar conciencia de cómo el círculo vicioso del samsara nos tiene esclavizados y, a la vez, nos vamos familiarizando con diversos métodos para salir de él. En este nivel de la didáctica estamos en lo que se llama "comprensión derivada de la escucha", que para la doctrina es una base muy importante en la evolución espiritual. Después de escuchar, se requiere por supuesto una sincera y profunda reflexión, a través de la meditación y del estudio de lo escuchado, para que de esta manera las palabras del dharma entren a campos analíticos de certeza o de refutación.[211]

A su vez, escuchar el dharma desde diferentes puntos de vista y por medio de distintos maestros es muy importante para la doctrina budista. La pluralidad didáctica y de contenidos se debe a que existen muchas perspectivas sobre los diversos temas que se abordan, pues cada objeto o fenómeno puede ser observado, analizado y considerado desde varios ángulos. Para el budismo, los acontecimientos, circunstancias o hechos por lo general no considerados absolutamente negativos o totalmente positivos; desde su óptica casi siem-

---

[210] *Introducción al budismo*, 2004, p. 58.
[211] *El arte de la compasión*, 2002, p. 57.

pre tienen diversos matices. Por eso, la destreza didáctica del budismo se encuentra en la capacidad de observar las diferentes facetas de un objeto y fenómeno, ver sus aspectos positivos, beneficiosos y sus aspectos negativos y perjudiciales.[212]

Más aún, si observamos las cosas en términos de la cognición conceptual, descubriremos que se nos presenta un gran número de perspectivas. Indiscutiblemente unas dominarán sobre otras, dependiendo de nuestros habituales esquemas de pensar. La diferencia de perspectivas resulta de la selección de cualidades y rasgos de los objetos con los que se realiza la cognición. La filtración y selección de determinados factores, agregados y características de los objetos y fenómenos los hace ver como verdaderos desde una perspectiva, pero falsos desde otra. Una persona elimina ciertos rasgos de la entidad observada, otra no.[213] Por tanto, escuchar las enseñanzas de varios maestros resulta saludable porque nos habilita para tener en cuenta que unos señalan como ciertos unos principios mientras otros pueden considerarlos falsos o inconsistentes.

Las enseñanzas didácticas por medio del habla casi siempre echan luz sobre lo que son los estados mentales sanos que nos acercan al cultivo y al desarrollo del camino espiritual o del crecimiento de la conciencia, y aquellos que son insanos que obstaculizan y delimitan la conciencia espiritual en cada uno de nosotros. Para la cultura occidental, estas consideraciones no son muy estimadas, importan más los estados emocionales placenteros y erradicar los desagradables. Generalmente el esfuerzo de la psicología occidental está en-

---

[212] *El poder de la compasión*, 2001, p. 26.
[213] *Emociones destructivas*, 2004, p. 134.

cauzado a "sanar" los estados desagradables para que las personas puedan experimentar los estados agradables que se buscan con tanta ansiedad y obsesión.[214]

Cuando se escucha una enseñanza como el dharma, tiene que distinguirse si se produce un estado emocional o un pensamiento que sólo dura unos segundos; si se habla de estados de ánimo que son más recurrentes en las personas, o si se refiere a las características del temperamento, que perdura años. En la didáctica del Budadarma, o enseñanzas del Buda, las referencias a estos niveles resultan valiosas. Se sabe que los cambios se dan desde los eventos que aparecen de manera momentánea y esporádica, hacia los eventos más duraderos.[215]

Se trata de cultivar el poder de lo que se conoce como "pensamiento deliberado" que logra transformar un estado mental negativo en otro positivo, y que hace de este último una experiencia cada vez más recurrente y cotidiana. En pocas palabras, el dharma nos enseña a contemplar de un modo diferente los eventos y circunstancias que vivimos a diario.[216] La finalidad del discurso oral consiste en convencernos de que es viable cultivar estados mentales positivos, y desaparecer los dañinos, los que causan dolor y sufrimiento; ello demanda diluir el yo en la vacuidad y propiciar que nos solidaricemos con las circunstancias y los sufrimientos de los demás.

Para alcanzar estados alegres y afectivos es necesario saber cómo funcionan nuestras emociones y pensamientos: hay que observarlos, destacando sus cualidades de interrelación

---

[214] *Ibídem*, p. 156.
[215] *Ibídem*, p. 275.
[216] *Ibídem*, p. 417.

con otros objetos y fenómenos. En este sentido se recomienda practicar las técnicas de desprendimiento del ego, esto es, ponernos en el lugar de los demás, el equipararnos con los otros en la demanda instintiva de ser felices y no sufrir y ejercitar la visualización de tomar el sufrimiento de los demás y dar felicidad.

La didáctica del dharma permite contrarrestar estados negativos conociendo cómo explica y remedia esos estados el Buda a través de sus enseñanzas. Es un primer mecanismo en el proceso del cultivo de la conciencia, en el cual la palabra de un maestro produce impactos en nuestra mente y en nuestro corazón. La enseñanza de la sabiduría nos proporciona una oportunidad para el logro del entendimiento y a partir de ahí inaugurar el camino del arte de estar bien en la vida, aun en un entorno adverso y agresivo.

Los estados mentales nocivos, perjudiciales, nos esclavizan y nos hacen perder las mejores cualidades humanas, entre las que se encuentra la capacidad para distinguir lo correcto de lo incorrecto.[217] La escucha del dharma y la experimentación directa de lo aprendido nos capacita, poco a poco, a rediseñar esos juicios para canalizarlos hacia la verdad y hacia el desarrollo de nuevos pensamientos compasivos.

Meditar en la calma y sobre temas de interés

Después de escuchar el dharma, el proceso continúa con la "comprensión derivada de la meditación" sobre el dharma en el cual la didáctica de la exposición oral y de la escucha deviene en un conocimiento certero y empírico.

---

[217] *Visión de una nueva conciencia*, 1996, p. 5.

En el capítulo sobre los tres adiestramientos prácticos del budismo se analizaron las experiencias de la concentración y de la meditación. En este apartado volvemos al tema pero ahora desde el punto de vista de su didáctica y en relación con las enseñanzas del dharma. Vimos que existen principalmente dos tipos de meditación, una de calma, de paz mental y estabilización (*samadhi*), y otra analítica e introspectiva (*vipassana*) enfocada al cultivo de una visión profunda enlazada con los cinco agregados constitutivos del ser humano: cuerpo, sensaciones, percepciones, volición y conciencia.

Ahora bien, en este contexto uno de los objetivos centrales en la doctrina budista es alcanzar un estado apacible permanente para que las actividades orientadas por las meditaciones analíticas se traduzcan en compromiso e integración con su objeto de observación, sin caer en la distracción o en la dispersión.[218] En la práctica, las dos formas de meditación son complementarias y casi siempre vienen juntas, si bien una puede tener mayor peso que otra, según la técnica y metodología meditativa que se practique.

El esquema de enseñanza de la meditación se inicia con el propedéutico de la permanencia mental tranquila, apacible, que se define en términos generales como un estado de concentración enfocada y absorta en donde el meditador aprende la práctica disciplinaria de mantener su atención en un objeto elegido de manera voluntaria y consciente. Existen muchas técnicas al respecto, pero lo más importante de esta actividad es que promueve un estado de compenetración tal que redunde en la tranquilidad y sosiego mental.[219]

---

[218] *Ibídem*, p. 56.
[219] *El mundo del budismo tibetano*, 1998, pp. 198 y 199.

Cuando se pretende adquirir esta forma del conocimiento a través de la meditación, es importante ejercer la llamada "vigilancia mental". Se trata de evitar que en la búsqueda de la calma interfieran los dos obstáculos ya señalados: la pereza y la excitación. Para ello se debe realizar el ejercicio meditativo de un modo sostenido y concentrando, y a la vez desechar pensamientos de adhesión y aversión que provienen de los recuerdos, de las incomodidades momentáneas y de las preocupaciones y perspectivas para el futuro.[220]

También conviene considerar que en la didáctica de la meditación se suele caer en lo que se puede llamar "una actitud utilitaria": un deseo materialista relacionado con el interés monetario y patrimonial. Pero asimismo es común sucumbir a extremos nihilistas que conllevan los deseos de huida y desaparición.

Cuando el deseo gratificador obstaculiza la meditación, debemos aplicar el antídoto de la vacuidad, diciéndonos insistente e internamente que nada existe por sí mismo, y que ese objeto de deseo sólo es un producto impermanente, surgido de cientos de causas y condiciones; la vacuidad de nuestros pensamientos y emociones hace que todo aquello que aparece como objeto mental sólido, importante y único se convierta en lo que verdaderamente es: frágil, intrascendente y generalizado. Pero si en el proceso de la meditación los pensamientos se inclinan hacia la nulidad del valor de la existencia, tenemos que sacar a relucir la cualidad del origen dependiente y pensar en la fortuna de que tantas causas y condiciones se hayan reunido para dar existencia al objeto o fenómeno que es objetivo de la meditación que se está practicando.[221]

---

[220] *Ibídem*, p. 158.
[221] *Un acercamiento a la mente lúcida*, 1994, p. 176.

Ahora bien, la concentración no sólo se pierde cuando la mente se distrae con objetos de placer o dolor, sino también al ensimismarse. Por eso, controlar la distracción y el ensimismamiento se convierte en un elemental ejercicio espiritual, que primero se utiliza en la meditación y después en las actividades regulares y cotidianas.[222] De ahí que el Dalai Lama nos recomiende que los ejercicios de meditación no sean muy intensos pero tampoco discontinuos; idóneamente conviene practicarlos con esfuerzo moderado, pero constante, en sesiones breves pero frecuentes. En todo caso sugiere que la sesión meditativa sea de calidad.[223]

Aquí es muy importante confiar en la aplicación del antídoto correcto contra los obstáculos del proceso meditativo y, por lo menos, recurrir constantemente a la concentración en la respiración que nos permite entrar de nuevo a las fases de calma y recuperar la capacidad analítica.[224]

La idea didáctica en la meditación se enfoca en experimentar una separación o distanciamiento entre la naturaleza de la mente y las perturbaciones y aflicciones mentales y emocionales; es decir que estos estados son ajenos a la naturaleza de la mente; de esta manera, la meditación se convierte en un instrumento de liberación de la desdicha y el sufrimiento, de *dukha*, y por ende hace ver que el sufrimiento no es inherente a la existencia humana.[225] Una vez que hemos adquirido estas enseñanzas de la escuela Hinayana podemos extender la posibilidad de liberación hacia las demás personas; ya en este campo estamos dentro de las enseñanzas de la

---

[222] *Ibídem*, p. 35.
[223] *Ibídem*, p. 45.
[224] *Ibídem*, p. 124.
[225] *Ibídem*, p. 154.

escuela Mahayana.[226] Liberando la mente de sus factores endógenos, esto es, las perturbaciones mentales y aflicciones emocionales, tenemos la posibilidad de vigorizar el desarrollo de la compasión.

En el contexto del aprendizaje meditativo la concentración estable y duradera requiere tener claridad del objeto que se observa de manera mental, aunque puede auxiliarse con el sentido de la vista. Lo importarte en tal caso es sostener en la mente el objeto para ir retirando de ella los factores externos que causan distracción y dispersión; se trata de que la claridad mental coadyuve a la concentración en un solo punto o en un tema determinado.

La claridad meditativa tiene dos expresiones: la claridad que se desprende del objeto percibido y la claridad de la conciencia que percibe, llamada ésta "experiencia subjetiva".[227]

Todo el bagaje de conocimientos y enseñanzas sobre la concentración y la meditación tiene el objeto de perfilar la conciencia hacia el crecimiento espiritual, lo que requiere una motivación correcta y adecuada a la edad y personalidad de cada persona. Una vez que hayamos definido la motivación, debemos practicar la meditación de manera constante y regular para lograr expandir en la mente, cada vez con más espacio y profundidad, pensamientos y emociones correctos que sean benéficos para los demás o por lo menos para dejar de causar daño a los demás y a la naturaleza. Ésta es la motivación central en el budismo Mahayana: ayudar a todos para mejor extender el bienestar.[228]

---

[226] *Ibídem*, p. 162.
[227] *El mundo del budismo tibetano*, 1998, p. 159.
[228] *Ibídem*, p. 178.

En las enseñazas doctrinales del budismo suele plantearse que la meditación, junto con el aprendizaje por medio de la escucha y del estudio, constituye el mecanismo por excelencia para generar compasión y desarrollar sabiduría. En general las enseñanzas comprenden dos aspectos fundamentales: por una parte las impartidas tanto por la vía de los maestros como a través de los textos consagrados a los discursos del Buda y de sus discípulos (dharma de la transmisión), y por otra el dharma de la realización, proceso didáctico que pugna por que las enseñanzas se experimenten de manera cotidiana aplicándolas en acciones mentales, verbales y físicas.[229] La enseñanza del dharma tiene su mejor expresión cuando genera el anhelo espontáneo y sincero de lograr la iluminación para el beneficio de los demás. El *bodhisattva* representa la culminación del adiestramiento espiritual budista.[230]

La práctica de la meditación anula la ignorancia al observar las formas ilusorias que adquieren los pensamientos y las emociones cuando de una u otra manera entramos en contacto con el mundo. Cuando logramos que la conciencia sea capaz de verse a sí misma, podemos descifrar las causas y las condiciones que producen un estado mental determinado y evaluar así el sentido de nuestras acciones, tanto las correctas, que generan paz y bienestar, como las incorrectas, que producen sufrimiento y malestar. Ahora bien, la ignorancia desaparece cuando nos damos cuenta de la verdadera naturaleza de las cosas; la mente queda purificada al eliminar nuestras nociones erróneas de la realidad. Por tanto, dice el Dalai Lama: "Es a través del entrenamiento de la mente que

---

[229] *El poder de la compasión*, 1999, p. 27.
[230] *Ibídem*, pp. 43 y 44.

podemos transformar el modo en que actuamos, hablamos y pensamos".[231]

La meditación es un medio, una técnica de intervención y disciplina mental, no un fin en sí mismo, por lo tanto no equivale a un proceso de llegar a tener estados de satisfacción o sentirse bien. Las teorías de autoayuda y las técnicas y recomendaciones inscritas en la filosofía del *New Age*, tan en boga en la actualidad, han distorsionado el sentido de la práctica y enseñanza de la meditación y la han conducido precisamente hacia los campos de los que Buda pretendía que saliéramos: la satisfacción individualista y el reforzamiento del yo.[232] Cabe hacer notar que de alguna manera, todas las acciones no virtuosas conllevan un cierto grado de satisfacción y bienestar: el mentir, el robar, el cometer adulterio, el ejercer violencia son actos realizados por personas que en un momento dado pueden experimentar satisfacción inmediata al cumplir sus deseos egoístas. Pero se trata de una satisfacción efímera pues sólo trae consigo un estadio superfluo de felicidad que pronto se desvanece y en su lugar queda el dolor, la culpa y el sufrimiento.[233]

Lo importante en el aprendizaje de la meditación no es sentirse bien simplemente –aunque tampoco tiene por qué descartarse–, sino generar cambios positivos en la manera de dinamizar nuestros pensamientos y emociones, que, permeados por virtudes como los de la convicción, determinación, acción y esfuerzo, impulsan de manera eficaz un *cambio del*

---

[231] *Ibídem*, p. 69.

[232] Para una crítica a las filosofías de la superación personal y de la literatura de la autoayuda vea el libro *Propuestas para el desarrollo espiritual: cómo entender el camino interior*, Editorial Pax México, México, 2011 de Kalama Sadak.

[233] *El arte de la felicidad*, 2000, pp. 36 y 37.

modo de vida.[234] Por eso, el aprendizaje y la enseñanza del dharma nos ayudan a convencernos de la necesidad de cambiar nuestros hábitos de pensamiento y nuestros patrones emocionales de acción y reacción.[235]

En una primera instancia el odio, la cólera y los celos se nos presentan como estados inamovibles, como si estuvieran adheridos de manera intrínseca a nuestro carácter. La meditación hace que desarrollemos la destreza de ver cómo nacen estos estados y luego desaparecen, y entonces llegamos a la conclusión de que no son tan fuertes y determinantes. Cierto es que mediante la formación espiritual se va reduciendo la presencia de tales estados negativos; pero no hay que esperar que sólo la meditación produzca estos resultados. También debemos pensar en el cultivo disciplinado del amor, la compasión y la bondad en nuestro desarrollo espiritual.[236]

Entonces, la meditación –tanto la de calma mental como la analítica– tiene el objetivo de suprimir *las motivaciones negativas* que generan confusión. El cese de las perturbaciones mentales y de las aflicciones emocionales es fundamental en el proceso de liberación que conduce al nirvana; ésta es la meta última del aprendizaje del dharma.[237]

Si la raíz del sufrimiento proviene de ignorar cuál es la verdadera naturaleza de los objetos y fenómenos, la auténti-

---

[234] Para el logro de un cambio en el modo de vida es de vital importancia asumir un compromiso. Tradicionalmente en el budismo que profesa el Dalai Lama se acostumbra a memorizar y cumplir los llamados "Compromisos de la práctica de transformación del pensamiento". Vea el anexo VI.

[235] *Ibídem*, pp. 188 y 199.

[236] *Ibídem*, p. 198.

[237] *Transforma tu mente*, 2001, p. 41.

ca felicidad únicamente puede surgir de saber correctamente cuál es esa naturaleza: mientras más luz nos arroje la escucha, el estudio y la experiencia de la meditación, menos oscuridad habrá en nuestros corazones.[238] Por lo tanto, es importante complementar la didáctica del Budadarma con la lectura y análisis de textos que nos ayuden a intensificar la luz que proviene de las enseñanzas orales correctas y de la meditación correcta.[239]

El aprendizaje basado en los textos también es importante

La enseñanza basada en el estudio y análisis de documentos, textos y colecciones sintetiza los otros dos métodos de enseñar y aprender, aunque también tiene una producción propia e independiente. Para el Dalai Lama estudiar la naturaleza, los contenidos y las formas de la realidad requiere investigaciones que consideren cuatro diferentes vías:

a. Conocer objetivamente los nombres que se han imputado a los objetos y los fenómenos a investigar.

b. Considerar los referentes próximos y lejanos de éstos.

c. Ubicar la naturaleza funcional (el valor de uso) de los mismos.

d. Observar las características específicas de los objetos y fenómenos investigados.

---

[238] *Océano de sabiduría*, 2000, p. 49.

[239] Vea en el anexo II el *Sutra de los kalamas* (*Los kalamas de Kesaputta visitan al Buda*), para una buena didáctica sobre cómo escuchar y ver las cosas.

Como se puede apreciar, la investigación de la realidad demanda más información y conocimiento de lo que pueden ofrecer las prácticas de la escucha o las experiencias sustentadas en ejercicios de meditación. La propuesta budista de conocimiento, por lo tanto, requiere una lectura tanto histórica como analítica para comprender la dinámica de los objetos y fenómenos que se investigan; habría que definir como el principal objeto de investigación la mente, tanto su estructura, funcionamiento, como también su dinámica. Este conjunto de prácticas permite entender los cuatro aspectos mencionados de cada objeto y fenómeno: el término, el referente, la naturaleza y las características. La doctrina budista sostiene que sólo dominando estos cuatro aspectos se puede comprender la naturaleza última de los objetos y fenómenos existentes, que es la no dualidad entre el que percibe y lo percibido.[240]

Por tanto, la reflexión y el análisis que se derivan del estudio de los textos, nos permiten pensar de manera acertada. En la medida en que se amplía nuestra percepción, podemos asimilar de manera plural las propuestas y explicaciones que aportan los documentos. Estar abierto a las diferentes corrientes de interpretación de la realidad hace posible que nos mantengamos con una fuerte serenidad frente a las contradicciones que se dan entre la teoría y la práctica; no nos debe asustar ni debemos temer las refutaciones, pero tampoco podemos caer en la sensación de la indefinición: reflexionemos, experimentemos y luego actuemos, sería la propuesta. Además, cuanto más amplia es nuestra visión sobre las cosas de la vida, resulta más fácil encontrar la solución

---

[240] *Transforma tu mente*, 2001, pp. 119 y 120.

adecuada a las condiciones problemáticas y adversas que todos vivimos en el samsara.[241]

El budismo procura desentrañar la naturaleza del ser humano considerando las impurezas mentales heredadas tanto por la genética como por la cultura y que aparecen bajo la forma de apego, aversión y engaño en el orden individual; en el orden grupal, estas impurezas se presentan como fuerzas de adhesión, agresión y neutralidad. Y, por último, a nivel social los tres venenos metales se presentan bajo los formatos de la codicia, el odio y la ignorancia. Estros tres órdenes de impurezas son la raíz de todos los males que sufrimos tanto individual, grupal y socialmente.

El Buda enseña la praxis del dharma para alcanzar la serenidad. Las enseñanzas son vastas y profundas, pero las podemos resumir en tres puntos:

1. Abstenerse de hacer el mal.

2. Cultivar el bien.

3. Purificar la mente de estados perturbados y afligidos.[242]

Ahora bien, estudiar el dharma con base en las enseñanzas orales y de la meditación enriquece a su vez las escrituras mismas. Como los fenómenos manifiestos se pueden aprender meditante la percepción directa, en el contexto de la escritura queda sólo la tarea de hacer narraciones al respecto. Pero en cambio, para abordar los fenómenos ocultos, requerimos inferencias para encontrar las pruebas de su naturale-

---

[241] *Más allá de los dogmas*, 1994, p. 11.
[242] *Ibídem*, 1994, p. 165.

za, o bien, utilizar el recurso de la confianza y fe que podemos depositar en las escrituras canónicas. Ello porque el significado de las cuatro vías vistas párrafos anteriores no pueden determinarse por razonamientos lógicos, mucho menos
por medio de percepciones sensoriales o meditativas. [243]

Lo cierto es que los fenómenos evidentes y empíricos
pueden ser captados de manera directa y sin gran margen de
error por alguno o varios de nuestros sentidos. Por ejemplo,
el fuego lo verificamos en primer lugar por la vista, pero
también por el tacto. El problema se presenta con los fenómenos ocultos, como la naturaleza última de las cosas, que
no se ve como el fuego, o la vacuidad, que sólo se pueden
comprender desarrollando ciertas facultades intelectuales y
educativas.[244]

El conocimiento didáctico del dharma, desde el punto de
vista de la escuela Mahayana, tiene que seguir una lógica se-
cuencial. Primero es necesario mostrarse escéptico frente a lo
dicho por un maestro, a lo experimentado por la meditación
y frente a lo estudiado. Después, ahondamos en la cuestión
que estemos considerando; aquí el estudio de textos y documentos adquiere su verdadera dimensión, pues esta manera
de aprender abarca más factores y elementos que la enseñanza oral y que la experiencia directa de la meditación, toda vez
que el texto es resultado de los anteriores métodos didácti-
cos, pero también porque comprende más temáticas con
mayor profundidad. Después de ahondar en la cuestión
de estudio e investigación, se aceptan o no las propuestas e
ideas, dependiendo del balance que se realiza de los argumentos a favor o en contra. He aquí la clave del espíritu crí-

---

[243] *Ibídem*, p. 200.
[244] *El camino del gozo*, 2001, p. 89.

tico del Budadarma, que permite una gran libertad de pensamiento y que demuestra una fuerte disponibilidad al diálogo, a la discusión.[245]

La disciplina búdica tiene la costumbre de procurar demostrar la validez de las visiones filosóficas en tres escalas: como algo demostrable empíricamente, como algo en que debe practicarse la razón y como algo que puede sustentarse en textos clásicos y sagrados. Se trata de utilizar estos tres mecanismos de argumentación para que las ideas, creencias e hipótesis adquieran certeza y confiabilidad.

Por lo tanto, a cada tipo de fenómeno (evidente, parcial y totalmente oculto) corresponde una escala determinada de demostración y una estructura diferenciada de argumentación.[246]

La didáctica y la argumentación budistas tienen la meta de proporcionar fiabilidad y determinación a los principios y postulados del dharma. Su desarrollo intelectual y experimental obedece a la necesidad de crear las bases para hacer realidad el deseo innato de ser felices y dejar de sufrir; esta consigna se cumple en la medida en que ayudamos sistemáticamente a toda entidad animada a superar el sufrimiento. Ése es el principal compromiso, de acuerdo con los cánones budistas. En este sentido, la didáctica muestra a todo ser humano el camino correcto para superar los estados turbulentos y egoístas: hacer comprender lo que debe ser abandonado y comprometerse con lo que se debe practicar: ése es el plan de ayuda que propone la doctrina budista.[247]

Así lo estipula el Sutra de los kalamas:

---

[245] *Más allá de los dogmas*, 1994, pp. 211 y 212.
[246] *La meditación paso a paso*, 2001, p. 46.
[247] *Ibídem*, p. 72.

Por lo tanto, dijimos, Kalamas, lo que se dijo: "¡Kalamas! No atenerse a lo que ha sido adquirido mediante lo que se escucha repetidamente; o a lo que es tradición; o a lo que es rumor; o a lo que está en escrituras; o a lo que es conjetura; o a lo que es axiomático; o a lo que es un razonamiento engañoso; o a lo que es un prejuicio con respecto a una noción en la que se ha reflexionado; o a lo que aparenta ser la habilidad de otros; o a lo que es la consideración: 'Este monje es nuestro maestro'. ¡Kalamas!, cuando vosotros por vosotros mismos sepáis: "Estas cosas son malas; estas cosas son censurables; estas cosas son censuradas por los sabios; cuando se emprenden y se siguen, estas cosas conducen al daño y al infortunio," abandonadlas.

Por eso el Dalai Lama recomienda no limitarse exclusivamente a la autoridad de las escrituras; todo lo que se enseña en los textos, sutras y demás documentos del dharma tiene que ser analizado bajo la luz de la razón y la lógica; además se debe buscar la validez de los contenidos enseñados. Para los budistas nada de malo hay en poner en duda las palabras del Buda Shakyamuni o la de sus discípulos. Una de las características más importantes de la didáctica y el aprendizaje de la doctrina budista es que sus enseñanzas deben ser sometidas a un examen teórico y práctico y a un análisis crítico: todo practicante tiene ese derecho. Por eso, el estudio del budismo se asemeja mucho al método de investigación de las ciencias modernas, que busca comprobar o desaprobar cada hipótesis por medio de experimentos, del razonamiento acumulado y el prospectivo, o conocimiento de frontera, como se dice hoy en día.[248]

---

[248] *Ibídem*, p. 85.

En este sentido, el budismo no maneja el concepto de fe religiosa como se acostumbra en las filosofías de las religiones dogmáticas y fundamentalistas. Gran parte de la didáctica y enseñanza del dharma se acerca más a los orígenes del sentido común, preconizando la limpieza y pureza de la mente que sólo así puede ver las cosas tal y como son, y que por ende manifiesta sus cualidades sin interferencias de pensamientos y emociones sojuzgados por el apego, la aversión o el engaño. El meollo del asunto es que los valores, normas e hipótesis del dharma nacen del principio de que todos deseamos la felicidad y aspiramos a evitar el sufrimiento. Si no aplicamos este principio, fácilmente caeremos en graves errores de observación y análisis de las acciones.[249]

El camino del aprendizaje del budismo se basa, en resumidas cuentas, en la didáctica para lograr el entendimiento adecuado de las cosas de la vida, tanto en su marco particular como en su contexto general.[250] Complementariamente, se debe señalar que los textos de los sutras, las enseñazas clásicas del budismo, tienen dos niveles de interpretación: un significado explícito y literal, y una enseñanza oculta en metáforas, leyendas, cuentos o en simples frases que a primera vista parecen incomprensibles. De hecho, en los textos budistas existen cuatro modos de comprenderlos: 1) en un sentido literal; 2) en un sentido general; 3) en un sentido oculto y 4) en el sentido último y más profundo de la enseñanza.[251]

Así, la búsqueda de la verdad se convierte en la indagación de una mejor comprensión de la sabiduría inscrita en

---

[249] *El arte de vivir en el nuevo milenio*, 2000, p. 37.
[250] *El poder de la compasión*, 2001, p. 131.
[251] *El mundo del budismo tibetano*, 1998, p. 148.

los sutras y en los textos que se han producido sobre las enseñanzas del dharma.[252] No podemos confiar ciegamente ni en las enseñanzas orales ni en las experiencias directas de meditación, pues este tipo de didáctica contiene imperfecciones; las enseñanzas adolecen de consistencia; en primer lugar porque la palabra casi nunca logra expresar lo que uno desea y en el caso de la meditación, porque en este ejercicio se corre el riesgo de que se realice bajo las condiciones y presuposiciones del samsara y de los intereses mundanos.

Hay que tomar en cuenta que existe una gran deficiencia en la capacidad de percepción de las cosas y su modo real de existencia. Así que sólo aplicando la metodología del proceso lógico, la deducción y el razonamiento podemos desarrollar una investigación consistente y correcta.[253]

Por tanto, la eliminación de las turbulencias mentales y emocionales para ayudar a los demás de manera óptima y asertiva constituye el sentido más noble y prioritario de la didáctica del Budadarma. El nirvana es una condición plenamente terrenal: es la mente purificada de perturbaciones mentales y de aflicciones emocionales, que no se engaña y que deja de producir distorsiones sobre la naturaleza de la realidad.[254]

---

[252] Por ejemplo, los escritos sagrados del budismo tibetano comprenden alrededor de 300 volúmenes. Contienen todas las obras que han sido traducidas del sánscrito al tibetano. El *Kanyurm* recoge las enseñanzas del Buda Shakyamuni, y contiene 92 volúmenes con 1 055 textos. Existe también el *Tengyur*, con 224 volúmenes y alrededor de 3 620 textos. Por tanto, no es de extrañar que el budismo se edifique como una visión de vida en que los libros tienen un papel fundamental en la didáctica y enseñanza.

[253] *Samsara*, 2002, p. 168.

[254] *Compasión y no violencia*, 2001, p. 144.

Se trata de superar cotidianamente cada uno de los ocho intereses mundanos;[255] las enseñanzas tienen el propósito de generar una mente que a pesar de los problemas y dificultades en que nos podemos ver inmersos, se encuentre serena y contenta. La vida así es más satisfactoria y alegre; conservar la paz y la tranquilidad se consigue por medio de la paciencia, de un desarrollo profundo de la compasión y de la sabiduría, factores de fortaleza humana, ahora tan necesarios y urgentes en un mundo turbio y decadente como el que vivimos.[256]

Bajo estas consideraciones desarrollamos el último capítulo de este libro, que le da un sentido más socializado a la propuesta del arte de vivir bien, que requiere un ambiente económico y sano y que se sustenta en la paz y en el respeto a toda existencia sintiente y a la naturaleza.

---

[255] Riqueza-pobreza; placer-sufrimiento; alabanza-crítica y fama-anonimato.

[256] *El arte de la compasión*, 2002, p. 24.

6

Espiritualidad laica y libertad responsable

Focalizar la felicidad

En este último capítulo exponemos cómo el budismo Maha-yana que profesa Tenzin Gyatso, el XIV Dalai Lama, puede ser de utilidad al abordar algunos temas hoy considerados de vital importancia para la supervivencia de las sociedades modernas y para la calidad del medio ambiente en que se sustentan. Aquí habría que formular en principio una pregunta central: ¿es posible plantear un proyecto de felicidad, esto es, llevar a la práctica el arte de estar bien en las condiciones de pobreza, violencia y explotación en que se encuentran actualmente las sociedades en que vivimos? El budismo respondería que sí. La felicidad es asunto de cada uno, pero también producto del modo en que llevamos a cabo las relaciones sociales con los demás. Sin lugar a dudas, el mundo que ahora tenemos es producto de lo que hemos sembrado en el pasado.

El mundo de hoy lo definen diversas características. En primer lugar destaca la cada vez mayor pobreza extrema, no sólo en los países económicamente subdesarrollados o "emergentes", sino también en los países ricos. La pobreza en el mundo está creciendo de manera alarmante, no sólo como consecuencia del descontrol demográfico –altas tasas de natalidad, y migraciones y ampliación de los años promedio de vida–, sino también por la cantidad absoluta de seres humanos sobre la Tierra.

Después está el problema del medio ambiente, en donde sobresalen el calentamiento del planeta, que presupone un cambio climático poco favorable para la conservación de los diversos medios ecológicos que habían subsistido durante miles de años; la contaminación del agua y del aire; la excesiva expulsión de gases tóxicos y venenosos que está calentando y secando la Tierra, así como la deforestación, el crecimiento desaforado de las tierras desérticas y la disminución drástica de la productividad de la tierra cultivable.

También existen conflictos por el desorden que provoca el crecimiento urbano, que ha sido imparable desde principios del siglo XX, y la existencia de niveles de violencia preocupantes. La impunidad con la que actúan países poderosos como Estados Unidos, Inglaterra y Rusia, entre otros, frente a países débiles, parece ya formar parte de la cotidianidad que produce miles de muertos, guerras y desastres. La violencia con la que se conducen nuestras sociedades obedece a una fuerte crisis de solidaridad y al predominio de los deseos desenfrenados por llevar hasta sus últimas consecuencias el consumo y el estatus de poder. La fragilidad estatal se está convirtiendo en la mejor oportunidad que la gente tiene para actuar fuera de los ámbitos de la ética y de la moral; la falta de democracia justifica el peor despojo que se vive sobre los recursos básicos como el agua y el petróleo, hoy foco central de los mayores conflictos que seguramente viviremos a corto plazo.

En otro ámbito, las dos causas principales de mortandad actualmente son, por un lado, las enfermedades derivadas del modo de consumo alimenticio, es decir, las referidas al aparato circulatorio y al sistema nutricional; y por el otro, los accidentes: alrededor del 40% de los jóvenes que fallecen hoy en día lo hacen bajo circunstancias violentas, casi siempre en accidentes automovilísticos.

Otro problema cada vez más grave en las sociedades modernas lo constituyen las enfermedades mentales. El crecimiento exponencial de la paranoia, la ansiedad y las patologías derivadas del miedo y del estrés están haciendo estragos masivos en la población. Suicidios, desolación familiar, intereses oportunistas en las relaciones de amistad y la asombrosa cantidad de hijos e hijas con padres separados están haciendo que el deterioro psicológico se convierta ya en un problema importante de salud pública. Se estima que alrededor de la mitad de la población sufre de alguna de las 200 enfermedades mentales existentes en la actualidad.

Habría que considerar también en este contexto a las epidemias que ya han fulminado a varias poblaciones: más del 30% de la población de la mayoría de los países africanos se encuentra infectada por el sida; se estima que en el futuro inmediato se masifiquen otros tipos de epidemias basadas en bacterias y gérmenes como el sarampión, tuberculosis y gripas capaces de colapsar a los sistemas biológicos humanos.

La globalización, generada en gran medida por la capacidad tecnológica de los medios de comunicación, y de internet en particular, hace que la información sobre catástrofes sociales y naturales sea conocida inmediatamente. En la escena mundial de los noticieros casi no hay "noticias buenas"; así se ha creado una percepción de que el mundo es inseguro, desastroso e injusto. Televisión, prensa, radio e internet son los mejores medios para reproducir y confirmar esta percepción de unas sociedades en plena decadencia.

En estas circunstancias resultan comunes las acciones depredadoras del medio ambiente y de los recursos materiales, financieros y humanos; ello nos hace pensar que si todo está a punto de estallar, más vale que uno, como individuo, aproveche cualquier oportunidad o situación para aumentar los muros defensivos. El individualismo exacerbado que se basa en los ocho intereses mundanos, se ha convertido en el único camino viable bajo las circunstancias de la modernidad salvaje y bárbara en el cual parece que ya nos acostumbramos a vivir.

Por tanto, la vida humana está expuesta ahora a numerosos peligros tanto manifiestos como latentes. Sin duda, las generaciones pasadas no tuvieron que vivir de manera regular y cotidiana con tantas malas noticias a la vez.[257] Por eso, cualquier persona sensible al sufrimiento y el dolor se asombraría de la cantidad de desgracias que suceden día a día. No es casual que el miedo y el estrés sean los síntomas emocionales más generalizados en las sociedades modernas.

¿Cómo practicar el arte de estar bien en un mundo de esta índole? Para la doctrina budista Mahayana todo cambio tiene que darse en dos direcciones: de dentro hacia fuera y en las relaciones con los otros; de ahí que el núcleo de esta visión de vida resida en la ética, entendida ésta como el bagaje normativo y de principios que parte de una sencilla consigna: no dañar a nadie mediante acciones mentales, verbales o corporales. Para ello se requiere comprender que

---

[257] *Conversaciones con el Dalai Lama*, 2004, p. 117.

toda entidad busca la felicidad y procura evitar el sufrimiento.[258]

La enseñanza budista se fundamenta en dos principios básicos; el primero consiste en que todo lo existente tiene una naturaleza de origen dependiente y se sostiene por la interdependencia de sus agregados y por otras entidades; el segundo principio señala que todo acto tiene que estar impregnado de comprensión y conocimiento para evitar cualquier tipo de violencia o agresión. La no violencia como principio político, cultural y cotidiano parte de la idea de la interdependencia: toda acción ejercida de manera inadecuada repercute de manera negativa en nuestra propia vida.

La consecución neurótica y obsesiva para satisfacer al yo, cuyo sujeto dominante es el ego, hace que las personas se aíslen del mundo, de la gente. Ese sentimiento de separación del yo respecto a los demás y a lo demás provoca la falsa percepción de que existe un yo y un ello; de que los deseos de ese yo sólo se ven cumplidos cuando el mundo responde a los intereses del ego. He aquí por qué maltratamos tanto a las personas y a la naturaleza: simplemente no las sentimos parte de nosotros mismos; las creemos ajenas a nuestra existencia, cuando en realidad son parte integrante de nuestra vida y de nuestro contexto existencial.[259]

Este engaño, o ilusión, de un yo separado y aislado de los demás, en el que solemos caer, proviene de la ignorancia. A la vez, las perturbaciones mentales y aflicciones emocionales se derivan de este sentimiento de separación, de la creencia en un yo independiente, autónomo, con valor sustancial por

---

[258] *Ibídem*, p. 240.
[259] *Las cuatro nobles verdades*, 2002, p. 16.

sí mismo, y que ha sido la causa de tener un mundo como el ya descrito.

Cuando comprendamos de manera holística que la realidad tiene una naturaleza interdependiente, prevalecerá el bienestar colectivo y será la pauta predominante de las conductas. Pero mientras sigamos con el esquema de la existencia de un yo autónomo y central, las cosas no van a mejorar, y seguramente seguirán empeorando.

Hace más de 2 500 años, Buda se dedicaba a enseñar cómo purificar la mente para que las acciones verbales y corporales no hicieran daño al entorno animado e inanimado. Fue entonces cuando Buda se convirtió en cuerpo de la verdad. La forma física del Buda representa la sangha o comunidad de personas que buscan purificar la mente.[260] A las figuras de Buda, dharma y sangha se les conoce como las tres joyas del budismo, pues constituyen los tres pilares que sostienen la cosmovisión de la doctrina.

La formulación de las tres joyas representa una estrategia focalizada en la superación de las condiciones de sumisión e ignorancia a las que tan fácilmente nos acomodamos. En este contexto, la liberación personal se considera injusta y egoísta, pues para el budismo todo ser humano tiene el derecho y el deseo natural de liberarse del sufrimiento y de ser feliz y estar en paz. Por tanto, para la doctrina budista lo más importante es desarrollar el proceso de la *bodhichitta* o aspiración voluntaria y plenamente consciente de conseguir la iluminación para poder ayudar a los demás seres sensibles; éste es el único factor que determina si se está o no aplicando correctamente las enseñanzas del budismo Mahayana.[261]

---

[260] *Un acercamiento a la mente lúcida*, 1994, p. 34.
[261] *El camino del gozo*, 2001, p. 139.

Es evidente que el sufrimiento, la ansiedad y la frustración son los estados mentales más comunes y generalizados en nuestra sociedad. De ahí la necesidad de trabajar para su cesación. La consigna de ayudar a los demás, o por lo menos no dañarlos, se centra en la paz y la felicidad; y como todos somos parte de todos, es decir, cada uno es producto de los demás, sólo cuando los demás sean felices, uno lo será también. Ésta es la condición *sine qua non* para ser feliz: que lo sean los demás.[262]

Por tanto, el ensimismamiento, tanto personal, grupal, como colectivo, conduce a la indiferencia y la subvaloración de los otros, que se convierten así en un estorbo para las ambiciones personales y nacionales o se convierten en parte de un plan de dominación y explotación. He aquí el porqué el budismo se afana en desechar la codicia, el odio y la ignorancia. Una vida guiada por estos tres venenos no puede resultar más que productora de desgracias, tragedias y sufrimiento.

En este sentido, la compasión (el deseo de que los demás dejen de sufrir) y el amor (el deseo que los demás sean felices) se convierten en las herramientas para construir las causas y las condiciones de la felicidad. La práctica espiritual budista gira en torno de esta premisa. Las acciones tienen la motivación única de que todos dejen de sufrir, y podamos crear las condiciones para estar bien, en paz y felices.

Sin embargo, desde tiempos inmemorables hemos buscando la causa de la felicidad fuera de nosotros, tratando de apropiarnos de las cosas que creemos que la producen y destruyendo aquellas que creemos que la obstaculizan o que son

---

[262] *Un acercamiento a la mente lúcida*, 1994, p. 98.

un impedimento para que se nos cumpla el deseo de ser felices.

El budismo, y en particular el Dalai Lama, insisten en que las causas tanto para generar felicidad como sufrimiento sólo las producimos nosotros mismos. La correlación directa entre causas negativas que generan sufrimiento y causas positivas que provocan felicidad no se puede alterar, funciona como la ley de gravedad. Todo ser sintiente experimenta algún grado de insatisfacción, tanto por la imperfección de los sistemas biológicos como por las tribulaciones de la vida cotidiana.

Por eso la religión ha acompañado al ser humano desde el principio de su evolución. Las religiones tienen en común la idea de contribuir a la superación de los sufrimientos terrenales. Ésa es su razón de ser. Generalmente promueven el respeto e inculcan compartir el sufrimiento con los demás.[263] Partiendo de que existe un dios, sus enseñanzas tienen el propósito de crear un campo de amor y paz basado en el afecto universal.[264]

Si todos queremos conseguir la felicidad y evitar el sufrimiento, entonces debemos desarrollar la compasión, la tolerancia y la indulgencia que evitan cualquier acción dañina hacia los otros. La esencia de los mensajes de las religiones es básicamente el mejoramiento de estas cualidades humanas. Habría que reconocer que al nacer todo ser humano tiene dichas cualidades, que las religiones intentan au-

---

[263] Para el Dalai Lama, la existencia de varias religiones es natural y hasta saludable. Como él mismo lo señala: "Creo que cada ser tiene aspiraciones distintas, y que la diversidad de religiones es, por lo tanto, deseable y buena". *Más allá de los dogmas*, 1994, pp. 147 y 148.

[264] *La política de la bondad*, 2001, p. 54.

mentar y reforzar con una práctica ética y moral determinada,[265] enseñando a las personas el dominio de sí mismas. Sin embargo, cuando las religiones se convierten en instrumentos que incrementan la codicia, el odio y el sectarismo dejan de responder a sus doctrinas originales para convertirse en poderosas ideologías políticas a favor del poder despótico.[266]

En esencia, las religiones y las filosofías impulsan pensamientos y prácticas que pueden ayudar mucho al cultivo del amor y de la compasión. Contribuyen a reducir los deseos desenfrenados que desatan las divergencias y la violencia entre los seres humanos. Aumentar el autocontrol para disminuir el egoísmo, constituye la mejor enseñanza que pueden dejar las religiones hoy en día.[267] Al hacer hincapié en la transformación del espíritu, coadyuvan a la creación de estados apacibles entre los seres humanos.[268]

En las diversas religiones predominan dos conceptos metafísicos que proporcionan seguridad existencial frente a la incertidumbre que representa la vida y la muerte: la creencia en la protección celestial, que postula un dios, omnipresente y omnipotente, capaz de darnos fuerza, cuidarnos y salvaguardarnos, y la preservación del alma entendida como una entidad destinada a vivir de manera sempiterna, que representa una base sustantiva frente a la impermanencia y la transitoriedad de nuestros cuerpos finitos.[269] Dios y el alma son los principios fundamentales del cristianismo y de otras

---

[265] *El ojo de la sabiduría*, 2001, p. 11.
[266] *Más allá de los dogmas*, 1994, p. 88.
[267] *Ibídem*, pp. 104 y 105.
[268] *Ibídem*, p. 147 y 148.
[269] *La fuerza del budismo*, 1995, p. 66.

religiones; de hecho constituyen la base de su sistema de valores.

El budismo tiene principios diferentes. En su doctrina no se plantea la existencia o no de un creador, sino que se aboca a anular el sufrimiento humano, y su sistema espiritual se sustenta en técnicas, métodos y sistemas encauzados a aliviar y superar ese sufrimiento. El salto cualitativo del sufrimiento a la felicidad estable y gozosa se realiza de manera definitiva por medio de la iluminación. Como lo expresa el Dalai Lama, "Podríamos decir que el concepto de iluminación es el fundamento de la concepción budista así como el Dios es el fundamento del cristianismo".[270]

Lo importante en estas consideraciones es comprender que un espíritu feliz, que posee ecuanimidad y objetividad sólo se puede lograr al practicar una vida espiritual. En este campo, las religiones y el budismo tienen en común el hecho de que consideran que *la felicidad es un estado superior de la conciencia*, de ahí que no puede existir sin un desarrollo espiritual consistente. El desarrollo espiritual en este contexto significa un constante mejoramiento en nuestras relaciones con los demás y con nosotros mismos; el amor al prójimo o sentimiento de fraternidad es el común denominador en los caminos espirituales.[271] Al respecto, el Dalai Lama afirma que en la concepción cristiana, el amor a los semejantes es lo más importante, y que fortalecer ese amor implica la mayor muestra de amor a Dios, pues todos son sus hijos e hijas. Este principio fomenta las cualidades y el cultivo del crecimiento espiritual. Aquí la doctrina cristiana se cruza con la budista. En ésta el método tiene tres pasos de

---

[270] *La visión interior*, 2000, pp. 130 y 131.
[271] *El poder de la compasión*, 1999, p. 102.

acercamiento al amor universal. El primero consiste en considerar iguales a todos los seres, pues todos buscan ser felices y no sufrir, otorgándoles la misma importancia y el mismo derecho. El segundo paso radica en establecer la convicción altruista de que la vida de cualquier ser es tan valiosa como la nuestra. A partir de estos dos pasos desarrollamos un auténtico interés, atención y cuidado por los demás, lo cual constituye el tercer paso.[272]

Para implementar el desarrollo espiritual obviamente se debe superar la preeminencia del yo, de la centralidad del ego en nuestros proyectos de vida, pues si bien el sufrimiento lo propician el apego, la adhesión y la codicia, así como la aversión, la agresión y el odio, éstos a su vez tienen su cimiento en la preponderancia del yo sobre los demás y sobre el mundo.

En resumen, la felicidad no se encuentra en satisfacer a toda costa los deseos del yo. Por eso, una de las más altas metas de la práctica espiritual y religiosa busca la metamorfosis interna de las personas, lo cual implica transitar de la indisciplina y desorganización a la disciplina y el equilibrio.[273]

Así pues, todas las religiones del mundo procuran cultivar el amor por los demás. De ahí que se podría hablar de un amor universal, que unifica en este punto a las diversas religiones que ha habido en las sociedades. Cierto es que difieren entre sí por los diversos métodos que cada una propone para impulsar esa cualidad amorosa; esos métodos distintos son positivos porque responden a culturas heterogéneas. La variedad de religiones y de métodos de cultivo del amor universal se debe a la diversidad de caracteres e incli-

---

[272] *Las cuatro nobles verdades*, 2002, p. 123.
[273] *El buen corazón*, 2000, p. 25.

naciones entre los seres humanos; por tanto, "la diferencia en las creencias es muy útil".[274]

El arte de estar bien implica que las personas realicemos un cambio cualitativo dentro de nosotros: en vez de pensar en uno mismo, empezar a pensar en los demás, de manera que los actos mentales, verbales y corporales se realicen para satisfacer las necesidades de los que nos rodean. Sólo enfocando la felicidad hacia los otros, por fin tendremos tranquilidad y satisfacción con lo que somos. Al abandonar nuestro yo, paradójicamente por fin nos encontramos integrados en el mundo.

El enfoque para la felicidad busca por tanto la supresión del egocentrismo; exhorta a crear un nivel básico de espiritualidad, que se sustente en un conjunto de cualidades como la bondad, la amabilidad, la compasión y el interés por los demás. No importa si se es religioso o no, la espiritualidad concebida como la superación del ensimismamiento y la preocupación sincera por el sufrimiento y expresada en la felicidad de los demás es esencial para vivir bien colectivamente. El arte de estar bien, por lo tanto, conlleva la destreza de cambiar el mundo desde dentro hacia fuera, con la idea de que los demás dejen de sufrir y logren la felicidad, la calma y la paz.

La crisis mundial y la paz

La suma del sufrimiento individual da como resultado el sufrimiento colectivo, que para la doctrina budista tiene su origen en un karma también colectivo; es decir, las tendencias históricas y de comportamientos sociales orillan a una

---

[274] *Samsara*, 2002, p. 80.

sociedad determinada a vivir y sufrir de una cierta manera.[275] Todos los comportamientos individuales en interacción mutua generan que las tensiones y efectos negativos circulen bajo la forma de cultura, tradiciones y lo que se llama en sociología "situaciones objetivas".

Pero karma colectivo no significa un destino manifiesto, predeterminado, ya que los efectos de los malos comportamientos individuales y colectivos tienen la posibilidad de ser modificados. Cuando hablamos de hábitos de pensamiento y de patrones mentales de reacción no pretendemos decir que sean una determinación absoluta, y mucho menos que no puedan ser modificados. La práctica espiritual se realiza en gran medida para incidir en los impactos de nuestros comportamientos negativos adheridos a nuestra personalidad y a nuestro carácter.

Para modificar los efectos colectivos de nuestro comportamiento injusto realizado en el pasado, se requiere privilegiar el interés de los demás ante el interés personal; los intereses colectivos tienen que ser prioritarios. Por tanto –afirma el Dalai Lama– "debemos aceptar que el bienestar de los demás es más importante que el propio."[276]

La interdependencia que hoy en día ha impuesto la globalización demuestra que los hechos más destacados en nuestro mundo son asuntos internacionales, ya no nacionales ni locales. De ahí la necesidad de comenzar a pensar las estrategias de vida con una visión humanitaria, altruista, sin posiciones encontradas.[277] Los foros internacionales más importantes, ya sean para analizar el caso del calentamiento

---

[275] *Mundos en armonía*, 2001, p. 72.
[276] *Transforma tu mente*, 2001, p. 89.
[277] *Visión de una nueva conciencia*, 1996, p. 2.

global o la salud mundial, coinciden en plantear un estado
de crisis a principios del siglo XXI. Entre los problemas más
preocupantes destacan el de la contaminación de nuestros
recursos naturales, las guerras y la proliferación de armas de
destrucción masiva. Frente a estos problemas, parecen insig-
nificantes los cambios individuales. Pero sin duda, educar a
las nuevas generaciones en la cultura del diálogo y la tolerancia hacia las diferencias resulta una prioridad para reducir la
aversión, la agresión y el odio que en la actualidad afecta a
todos los grupos y las clases sociales.[278]

La posibilidad de que el mundo supere las crisis globales
está en función de que las sociedades cambien las motivaciones que hay detrás de sus acciones tanto de Estado como de
sociedad civil. Las motivaciones negativas sólo satisfacen a
unas cuantas personas y perjudican a muchas; esta situación
desencadena la violencia que vivimos principalmente en los
centros urbanos y en el ámbito familiar.[279] En contraparte,
acciones y palabras realizadas con motivación positiva, tienen un poder constructivo.

Se han realizado muchos estudios que demuestran claramente que a pesar de un alto nivel de desarrollo, de ingreso
y consumo, lo cual implica que las necesidades de la población se encuentran plenamente satisfechas, las tasas de felicidad llegan a un punto en donde ya no siguen a las tasas
con las que lo hace el creciendo económico.[280] Se ha encon-

---

[278] *La visión interior*, 2000, p. 138.

[279] *La política de la bondad*, 2001, p. 127.

[280] Dos libros destacan en estas consideraciones: *La felicidad, lecciones de
una nueva ciencia*, de Richard Layard, editorial Taurus, México, 2005, y
En defensa de la felicidad, de Matthieu Ricard, de la editorial Urano,
España, 2005. El primer autor es un economista ortodoxo, experto en

trado que los niveles de satisfacción y alegría son mayores en los niveles medios de la sociedad y en países en vías de desarrollo que en aquellos que están hiperdesarrollados, como algunas naciones europeas, Estados Unidos y Japón.[281]

Aunque las sociedades desarrolladas cuentan con muchas ventajas en cuanto a la calidad de vida que ofrecen a sus poblaciones, particularmente respecto a la producción de tecnología y a su desarrollo como sociedades de conocimiento, tienen la gran debilidad de pensar casi siempre bajo una perspectiva polarizada, juzgando habitualmente las acciones y los resultados como buenos/malos, a favor/en contra y favorables/no favorable. Con demasiada frecuencia el pensamiento occidental no reconoce la inevitable inmensa zona gris que existe entre los puntos de vista polarizados y extremos.[282]

Las sociedades occidentales desarrolladas suelen exaltar el aspecto sensorial y la experiencia subjetiva personal; se preocupan por intensificar la emoción y la pasión sin importar que sean indebidas, de manera que recurren cotidianamente a la intoxicación química y a la literatura y psicología de

---

economía del empleo y de la desigualdad y está adscrito a la London School of Economics. El segundo autor, francés, es monje budista y traductor al francés de las conferencias del Dalai Lama, vive en los Himalayas, en el monasterio de Shechen, en Nepal; es un incansable promotor de proyectos altruistas en el Tíbet. En estos dos libros se hace referencia a diversos estudios e investigaciones sobre la felicidad en varios países desarrollados y subdesarrollados. La conclusión en ambos señala que la felicidad es un estado interior que nace de la paz mental y de un cierto grado de satisfacción de las necesidades básicas como la alimentación, vestido, casa y salud.

[281] *El arte de vivir en el nuevo milenio*, 2000, p. 15.

[282] *Samsara*, 2002, p. 63.

autoayuda. En estas circunstancias no resulta extraño que los casos de desequilibrio mental se hayan convertido ya en una epidemia, que afecta tanto a los jóvenes como a los adultos. La suma de los desequilibrios individuales favorece el descontrol social. Por eso ahora es tan difícil encontrar paz y ecuanimidad en el mundo.

Superar nuestros problemas demanda, entonces, que las acciones estén motivadas por el beneficio a los demás, por una verdadera preocupación por la gente. Aquel que se desentiende del yo y enfoca su atención en los demás, no sólo aporta paz para sí mismo, sino también a las personas que lo rodean. Paz para la familia, para los amigos y enemigos. La paz se establece cuando sabemos cómo son realmente las cosas de la vida y cuando cultivamos el deseo de que los demás dejen de sufrir como el don más alto de la humanidad.[283]

El cultivo de cualidades positivas, bondadosas y atentas a la vida está directamente relacionado con las probabilidades de supervivencia del ser humano en la faz de la Tierra. En este contexto, la educación se ha convertido en un factor importante en la solución de conflictos en tanto que se vale de mecanismos no violentos.[284] La interdependencia hace que cada plano de la sociedad, económico, político, social y cultural, evolucione como un agregado más en la escala mundial. La economía, los medios de comunicación –en especial internet– y los problemas ambientales no tienen ya fronteras nacionales ni locales. Todos, de alguna manera, se ven en la necesidad de cooperar y focalizar esfuerzos internaciona-

---

[283] *El arte de vivir en el nuevo milenio*, 2000, p. 85.
[284] *Ibídem*, 2000, p. 191.

les para darle salida a múltiples problemas y conflictos que hoy son cotidianos en el escenario mundial.[285]

Por tanto, para poder proyectar una sociedad sustentable no sólo en los ámbitos económico y ambiental, sino en el urbano, en el social y en el cultural, hay que reconocer que la religión ayudaría, pero como la mayoría no practica una religión de manera integral, cabe considerar una opción ética asentada en principios laicos.[286] Primero, habría que promover la idea de resolver los conflictos sin violencia. Segundo, considerar a los elementos integrantes de la naturaleza, como lo hace el budismo, como seres que requieren de atención y cuidado. La no violencia y el tratamiento respetuoso a la naturaleza pueden disminuir significativamente la ansiedad por vivir y encaminar el esfuerzo hacia la alegría, la estabilidad y la plena aceptación de un mundo impregnado de impermanencia, de insatisfacción e insustancialidad. En este proyecto budista germina la idea de parar la destrucción del entorno social y del medio ambiente.[287]

Valorar a los demás y a la naturaleza desde una perspectiva social compasiva y sabia supone una actitud disciplinada de valor elevado; urge comprender que beneficiando a la colectividad y a la naturaleza nos beneficiamos nosotros mismos porque nuestra vida diaria se convierte en una cruzada para el logro de objetivos que trascienden nuestro mundo particular, es decir, a la estimación propia y al aferramiento obsesivo y enfermizo al yo. Solamente así la vida cotidiana puede encontrar la paz interior. Por supuesto que no hay garantía para el éxito de nuestros proyectos, pero lo importan-

---

[285] *Ibídem*, p. 206.
[286] *Ibídem*, p. 189.
[287] *Más allá de los dogmas*, 1994, p. 56.

te es que esta visión que trasciende el plano de nuestros deseos, ayuda a encontrar la paz y la estabilidad interna.

El fracaso no debe perturbarnos si estamos en verdad preocupados por los demás, simplemente hemos de verlo como un obstáculo nuevo e intentar continuamente.[288]

Para trascender al yo y orientar nuestras motivaciones e intenciones hacia el beneficio de los demás, hay que tener presente que las enseñanzas de Buda señalan que los enemigos son tan apreciables, y a veces incluso tan valiosos, como los amigos. La violencia, la guerra y los conflictos nacen al imputar a los otros la cualidad de enemigos, de adversarios. Desde el punto de vista del budismo, sin embargo, un enemigo puede enseñarnos muchas cosas, por ejemplo, a dominar nuestros impulsos pues al enfrentarlo tendemos a encolerizarnos.[289] También nos enseña la práctica de la paciencia y de la autodisciplina para ejercer la tolerancia y la relajación cuando las relaciones se ponen tensas.

Resulta natural que todo mundo quiera a sus amigos, pero no a sus enemigos. Ahora bien, si cuestionamos esta idea del sentido común veremos que el asunto no es tan simple. Al respecto habría que hacer tres consideraciones. Primera: clasificamos a las personas como amigos o enemigos dependiendo de cómo nos va con ellos: si nos benefician, son amigos, si nos perjudican, enemigos. Pero estos conceptos son sumamente relativos. Segunda: son tan relativos que muchas veces los amigos de hoy han sido enemigos en el pasado, y también que los enemigos de ahora pudieron ser amigos en el pasado. Y, por último, tanto la figura de amigo como la de enemigo son imputaciones impermanentes, se

---

[288] *Un acercamiento a la mente lúcida*, 1994, p. 183.
[289] *Memorias del Dalai Lama*, 1998, p. 120.

han creado y, como cualquier fenómeno de esa índole, en algún momento sufrirán cambios y llegarán a su desintegración.

No quedarnos ciegos frente a la amenaza de los fenómenos perjudiciales que vivimos en la actualidad nos obliga a ir al fondo de las cosas que suceden. Conocer las causas y actuar en consecuencia con las cuatro nobles verdades y con los tres sellos o marcas de la realidad, da la pauta para encontrar soluciones a las crisis; tenemos que lograr apartar de la realidad las desgracias globales que hoy están por todos lados.

Para la doctrina budista, los desastres contemporáneos y el destierro de la paz, tanto externa (en la sociedad) como interna (en cada persona), se deben a la ignorancia. A ello se suma que fuerzas posesivas como el apego y la aversión propicien que nada funcione bien, porque si todo lo que hacemos proviene de la mente, y si ésta se encuentra enferma es lógico que los resultados sean los desastres que vivimos en la actualidad, tanto en el ámbito de la sociedad, como en la vida de cada uno de sus miembros. Los tres venenos, a los que les hemos dado tanta importancia, constituyen el más grande obstáculo para el logro de la felicidad y de la paz.

Refrenar los deseos: la salida espiritual

Cuando la vida personal y la sociedad en general se dedican casi exclusivamente a la producción y al consumo intensivo de bienes y servicios, la capacidad de entendimiento y bondad se reduce de manera significativa. Privilegiar el yo, los intereses particulares frente a la mayoría desposeída, crea un ambiente en el que prevalecen las actividades nocivas; hemos acabado con los bosques, el agua, el aire limpio, las culturas, y también con la posibilidad de que la mayoría de las personas satisfaga sus necesidades de modo natural y sustentable. La palabra clave que explica en mucho nuestra era degenerativa en este contexto es depredación.

La preponderancia de los intereses egoístas hace que el poder político y económico se convierta en una columna central de la pesadilla del samsara. Pensar en la posibilidad de que todos estemos bien, felices y en paz resulta una verdadera utopía. ¿Qué hacer entonces? Como el encumbramiento del yo en la vida cotidiana sólo propicia sufrimiento y ansiedad, debemos cuestionarlo constantemente para ponerle freno.

Ciertamente ser felices nos parece una tarea imposible. Pero como lo señala acertadamente el budismo zen: toda gran tarea se puede dividir en pequeñas tareas. En la práctica de la doctrina budista, la paz espiritual no es una hipótesis, sino un hecho constatable, es una realidad que pueden comprobar tanto los maestros budistas como las personas que han dedicado gran parte de su tiempo, valiéndose de otras filosofías y religiones, a lograr este estado espiritual. El proceso conlleva una energía que contrarresta las fuerzas agresivas, posesivas y dominantes en el mundo interno personal y en la sociedad. Por eso, la estrategia del desarrollo espiritual es reconocer, apreciar y acrecentar los estados de paz.[290]

¿De dónde nace esa posibilidad de estar en paz y ser felices, inclusive cuando las condiciones externas son desfavorables? Nace del hecho de que cada persona posee una conciencia sutil, capaz de trascender los requerimientos del cuerpo, las sensaciones, la percepción y la volición. De he-

---

[290] *La fuerza del budismo*, 1995, p. 123.

cho, este tipo de conciencia fomenta la creación espiritual, artística, técnica y científica. Para la doctrina budista, esa conciencia sutil permanece en cada individuo pase lo que pase; pero sólo se logra expandir cuando la budeidad interna es reconocida. A este procedimiento se le llama "ser",[291] en el cual el espíritu requiere de un cuerpo para iniciar su desarrollo y crecimiento. La felicidad, en estos términos, insistimos, es un estadio superior de conciencia que rebasa las fronteras del mundo condicionado por la impermanencia, la insatisfacción y la insustancialidad.

La posibilidad para lograr el progreso de la espiritualidad budaica reside en manifestar la conciencia sutil, la luz clara, en relación con la necesidad de superar el sufrimiento de los demás, y a la vez el de uno mismo, y en crear las causas y las condiciones de una vida feliz y en paz para todo ser sintiente.

La supervivencia de los seres animados depende de la cooperación y en mayor medida de la bondad de los demás. Todo lo que somos ahora y lo que tenemos proviene del esfuerzo y de la bondad de la gente que nos ha cuidado y atendido cuando no teníamos la capacidad de valernos por nosotros mismos, que nos ha apoyado cuando necesitábamos alimento, abrigo, estudios o medicina. Incluso, ahora mismo somos lo que somos por lo que otros nos han ofrecido y dado; en muchos casos ¡lo han hecho sin conocernos!

Por tanto, es un hecho en la vida cotidiana que cuando más atendemos, nos interesamos y trabajamos por los demás, mayor provecho obtenemos nosotros mismos. Aquí la ley de la "reciprocidad al cuadrado" indica que cuanto más damos, más se nos regresa. En cambio, cuanto más egocéntri-

---

[291] *Ibídem*, p. 212.

co y ensimismado está uno, más solitario y desgraciado se vuelve.[292]

En la escuela budista Mahayana se practica, como punto medular, el principio de que todo sufrimiento puede ser destruido; ésta es la esencia del arte de estar bien. Se parte de que las dificultades, problemas y conflictos que experimentamos los originan defectos como el orgullo, la avaricia, la envidia y sobre todo el apego, el odio y la confusión o ignorancia. La ansiedad de los deseos posesivos, negativos y hasta los neutros intoxican y contaminan la mente que por naturaleza es clara, transparente y bondadosa.

La práctica espiritual, tanto religiosa como laica, incide de manera determinante para superar los tres venenos. Volver de nuevo a experimentar satisfacción, alegría y contribuir a cumplir los deseos legítimos de los demás, permiten un duradero estado de tranquilidad agradable, evitando al mismo tiempo que se presente el sufrimiento y la ansiedad por vivir o por morir.[293]

Como hemos dicho, la calidad de vida y nuestras experiencias actuales dependen de las acciones realizadas en el pasado; independientemente de que uno crea o no en la reencarnación, lo cierto es que el presente es producto del pasado, o sea, las acciones mentales, verbales y corporales pretéritas tienen efecto en la actualidad, en este momento presente. Por lo tanto, posponer para el futuro las soluciones de los problemas contemporáneos resulta insensato. Vivir ahora de una buena manera beneficia a las generaciones que vendrán.[294]

---

[292] *El mundo del budismo tibetano*, 1998, p. 99.
[293] *Visión de una nueva conciencia*, 1996, p. 26.
[294] *Un acercamiento a la mente lúcida*, 1994, p. 195.

El hecho de que durante muchos años hayamos realizado actos negativos, ha mermado nuestra inclinación natural a la bondad y al altruismo, por lo que debemos tomar conciencia de que requerimos un *entrenamiento práctico y teórico* proclive a la felicidad. Por tanto, la liberación de la existencia mundana requiere comprender cómo son las cosas en realidad, principalmente cómo la impermanencia, cuya máxima representación es la muerte, determina el flujo de la existencia condicionada.[295]

Romper las cadenas de los apegos y las aversiones del pasado y del futuro permite que la conciencia deje de resistirse a la dinámica de la impermanencia, insatisfacción e insustancialidad de los fenómenos de la existencia. Luchar contra ilusiones, fantasmas y engaños, de eso se trata el arte de vivir bien: de actuar y contemplar con percepción correcta los objetos y fenómenos que inevitablemente nos encontraremos en el camino de la vida. "La sensación de satisfacción es un factor clave para lograr la felicidad".[296] Ciertamente cuenta mucho tener salud, patrimonio y amigos, pero es la satisfacción la que determina la calidad y el resultado de nuestras relaciones con los demás.

Detener la insaciable avidez de los deseos implica darse cuenta de que en esa situación siempre estaremos codiciando lo que no tenemos, y que así nunca saldremos del atolladero de la insatisfacción crónica y, por ende, del malestar y el sufrimiento, de dukha. Poner freno a esos deseos, nos dará garantías de transformar de manera radical nuestra conducta orientada por la codicia, el odio y la ignorancia.[297]

---

[295] *La visión interior*, 2000, p. 98.
[296] *El poder de la compasión*, 2001, p. 16.
[297] *Ibídem*, p. 90.

Hay que postular la paz mental como una ética rutinaria para que se manifieste en la práctica de luchar contra los deseos excesivos del ego, y absorba positivamente la experiencia de la meditación, la escucha y el estudio de los objetos y fenómenos. El desarrollo espiritual mediante la conquista de la paz beneficia tanto a uno como a los demás.[298] Así, las acciones a realizar tienen dos objetivos: desarraigar las perturbaciones mentales y las aflicciones emocionales por medio del cultivo y el incremento de la compasión; y conquistar la paz y la felicidad de manera altruista, esto es en función de los demás, pues no basta con ser compasivos, sino que se requiere crear las causas concretas y reales para disminuir el sufrimiento y el dolor ajeno.[299]

La paz interior y la serenidad espiritual son muy importantes en la vida diaria. Con objetividad, tranquilidad y ecuanimidad se pueden solucionar con mayor eficacia los problemas y afrontar las múltiples condiciones adversas que vivimos.[300] Las dos actitudes más elevadas que podemos cultivar en la vida son la compasión, definida como la preocupación por evitar el sufrimiento ajeno, y el amor, que implica el deseo de que los demás gocen de felicidad y alegría.[301]

Por tanto, para evitar el ciclo repetitivo y monótono del sufrimiento y de la insatisfacción samsárica, debemos tener la motivación y la intención consciente de abandonarlos, de practicar una ética y moral sustentadas en la no afectación a la vida, cultivar técnicas que tranquilicen nuestro ánimo para actuar con ecuanimidad, incluso en situaciones desfa-

---

[298] *Samsara*, 2002, pp. 107 y 108.
[299] *Mundos en armonía*, 2001, p. 129.
[300] *Conversaciones con el Dalai Lama*, 2005, p. 89.
[301] *Un acercamiento a la mente lúcida*, 1994, p. 129.

vorables y, por último, experimentar y estudiar cómo son las cosas de la vida.

En resumen, la determinación de liberarse de la existencia cíclica samsárica, la perspectiva correcta de la verdad de la vacuidad y una mente que desea la iluminación para ayudar a los demás constituyen los tres aspectos más importantes del camino espiritual encauzado a superar el sufrimiento y ejercitar el arte de estar bien y en paz en la vida.[302]

Aquí y ahora es posible conectar nuestra conciencia sutil y trascendental con el nirvana, asumir una actitud para liberarnos de las perturbaciones y las aflicciones y que nos permita disfrutar del arte de estar bien con nosotros mismos, con los demás y con la naturaleza, para que esa energía de felicidad pueda ser también experimentada por las generaciones venideras.

---

[302] *Ibídem*, p. 139.

BIBLIOGRAFÍA

Dalai Lama, *Más allá de los dogmas, vivencias espirituales*, editorial Sirio, España, 1994.

_____, Tenzin Gyatso, el XIV Dalai Lama, *Un acercamiento a la mente lúcida*, ediciones Dharma, España, 1994.

_____, Tensin Gyatso, el XIV Dalai Lama, *Sabiduría trascendental*, ediciones Dharma, España, 1994.

_____, XIV Dalai Lama, *La fuerza del budismo*, ediciones B, España, 1995.

_____, Tenzin Gyatso, *Visión de una nueva conciencia*, editorial Amara, España, 1996.

_____, XIV Dalai Lama, *La búsqueda del despertar*, ediciones Dharma, España, 1996.

_____, S. S. El Dalai Lama, *El sueño, los sueños y la muerte*, José J. de Olañeta Editor, Mándala, España, 1997.

_____, S. S. el Dalai Lama, *El mundo del budismo tibetano*, José J. de Olañeta Editor, Mándala, España, 1998.

_____, *Memorias del Dalai Lama del Tíbet*, editorial Edivisión, México, 1998.

_____, *El poder de la compasión*, editorial Errepar, Argentina, 1999.

_____, *Como un relámpago ilumina la noche*, editorial Imagina, España, 1999.

_____, Gyatzo, Tenzin, *La visión interior*, editorial Océano, España, 2000.

_____, *El buen corazón*, Grupo Editorial Norma, Colombia, 2000.

_____, *El arte de vivir el nuevo milenio*, Editorial Grijalbo, España, 2000.

_____, *Pacificar la mente*, editorial Oniro, España, 2000.

_____, *El arte de la felicidad*, editorial Grijalbo, España, 2000.

_____, *Océano de sabiduría*, editorial Oniro, España, 2000.

_____, *La política de la bondad*, editorial Bodhi, México, 2001.

_____, *Transforma tu mente*, Ediciones Martínez Roca, España, 2001.

_____, *La meditación paso a paso*, editorial Grijalbo, México, 2001.

_____, Tenzin Gyatso, S. S. el Dalai Lama, *El ojo de la sabiduría*, ediciones Kairós, España, 2001.

_____, *El camino del gozo*, José J. de Olañeta Editor, Mandala, España, 2001.

_____, *El poder de la compasión*, Ediciones Martínez Roca, España, 2001.

_____, *Compasión y no-violencia*, editorial Kairós, España, 2001.

_____, Daniel Goleman y otros, *Mundos en armonía*, Editorial Paidós, España, 2001.

_____, *Las cuatro nobles verdades*, Editorial Plaza y Janés, España,

_____, *Introducción al dharma y otros artículos*, Internet, 2002.

_____, *Consejos espirituales*, editorial Oniro, España, 2002.

_____, *El arte de la compasión*, editorial Grijalbo, España, 2002.

_____, *La vida, la muerte y el renacer*, editorial Sirio, España, 2002.

_____, *Con el corazón abierto*, editorial Grijalbo, España, 2003.

_____, y Jeffrey Hopkins, *Acerca de la muerte*, editorial Océano, España, 2003.

_____, XIV Dalai Lama, *Introducción al budismo tibetano*, editorial Paidós, España, 2004.

_____, y Daniel Godman, *Emociones destructivas*, editorial Vergara, Argentina, 2004.

_____, *Dzogchen*, editorial Kairós, España, 2004.

_____, y Felicitas von Schonborn, *Conversaciones con el Dalai Lama*, editorial Martínez Roca, España, 2005.

I. El sutra de la sabiduría[303]
(Prajnaparamita Sutra)

¡Rindamos homenaje a la Perfección de la Sabiduría!
¡La Adorable, la Sagrada!
Avalokiteshvara, el Sagrado Señor y Bodhisattva,
se internó en el profundo curso de la Sabiduría
que todo lo trasciende.
Mirando hacia abajo, desde lo alto,
sólo contempló cinco agregados,
y vio que, en sí mismos,
estaban vacíos.

Aquí, ¡oh! Sariputta, la forma es vacío
y el vacío mismo es forma;

---

[303] El sutra de la sabiduría se conoce también como Sutra del Corazón porque constituye quizá la enseñanza central y más elevada del budismo.
Hay muchas traducciones del mismo, se puede consultar en la página de
internet www.librosbudistas.com; también en el libro de Gueshe Tam-
din Gyatso, *El descubrimiento de la suprema sabiduría de Buda*, editorial
Dharma, España, 2005, entre otras.

el vacío no se diferencia de la forma,
la forma no se diferencia del vacío;
todo lo que es forma, es vacío;
todo lo que es vacío, es forma;
lo mismo es aplicable a los sentimientos,
a las percepciones, a los impulsos y a la conciencia.

Aquí, ¡oh! Sariputta,
todos los dharmas se caracterizan por el vacío;
ni son producidos, ni detenidos,
ni están mancillados, ni son inmaculados,
ni son deficientes, ni completos.
Por lo tanto, ¡oh! Sariputta,
en el vacío no hay forma,
ni sensación, ni percepción,
ni impulso, ni conciencia;
ni ojo, ni oído, ni nariz, ni lengua, ni cuerpo, ni mente;
ni formas, ni sonidos, ni olores, ni sabores, ni cosas
tangibles, ni objetos de la mente,
ni elementos del órgano visual,
y así sucesivamente
hasta que llegamos
a la ausencia de todo elemento de conciencia mental.

No hay ignorancia, ni extinción de la ignorancia,
y así sucesivamente,
hasta que llegamos a la no existencia de decadencia,
ni de muerte,
ni extinción de la decadencia ni de la muerte.
No hay sufrimiento, ni origen, ni cesación, ni camino;
no hay cognición, ni logro, ni no logro.

Por lo tanto, ¡oh! Sariputta,
el Bodhisattva,
a causa de su estado de no persecución de logros,
y habiéndose confiado a la perfección de la sabiduría,
vive sin pensamientos que lo envuelvan.
Al no estar envuelto en pensamientos,
nada lo hace temblar,
y superando toda preocupación,
alcanza al fin el Nirvana.
Todos los que aparecen como budas
en los tres periodos del tiempo,
despiertan por completo a la excelsa,
verdadera y perfecta Iluminación
porque se han confiado a la perfección de la Sabiduría.

Por lo tanto, uno debería reconocer al prajnaparamita
como el gran sortilegio,
la quintaesencia de la gran Sabiduría,
el sortilegio supremo, el sortilegio inigualable
que alivia todo sufrimiento, en verdad,
porque ¿qué podría ir mal?
Este sortilegio procede del prajnaparamita
y dice así:
Se fue, se fue, se fue más allá;
se fue, trascendiéndolo por completo.

GUEIT, GUEIT, PARAGUEIT, PARAMASAMGUEIT,
BODHI SUAJA.

II. El sutra de los kalamas[304]

(Los kalamas de Kesaputta visitan al Buda)

1. Esto he escuchado. En una ocasión el Bendito, mientras estaba en el país de Kosala en compañía de una gran comunidad de monjes, entró en el pueblo de los kalamas llamado Kesaputta. Los kalamas, que eran habitantes de Kesaputta, exclamaron: "El reverendo Gotama, el monje, el hijo de los Sakiyas, mientras estaba en el país de Kosala, entró en Kesaputta. La buena reputación del reverendo Gotama se ha difundido de la siguiente forma: Efectivamente, el Bendito es consumado, totalmente iluminado, dotado de sabiduría y disciplina, sublime, conocedor de los planos de existencia, incomparable guía de hombres domables, maestro de seres humanos y divinos, a los cuales ha entendido claramente a través del conocimiento directo. Él ha expuesto el dharma, bueno en el inicio, bueno en la parte media, bueno en el final, dotado de forma y significado, y completo en todo aspecto; también proclama la vida santa que es perfectamente pura. El ver tales consumados es bueno en verdad".

2. Entonces los kalamas de Kesaputta fueron a donde se encontraba el Bendito. Al llegar ahí algunos le rindieron homenaje y después se sentaron a un lado; algunos intercambiaron saludos con él y después de concluir una conversación cordial memorable, se sentaron a un

---

[304] Traducción al español por Samanera Thitapuñño, con base en Anguttara Nikaya III, 65. www.cmbt.org/fdd/kalamasutta.htm,

lado; algunos anunciaron sus nombres y el de sus familias y se sentaron a un lado; algunos sin decir cosa alguna se sentaron a un lado.

(Los kalamas de Kesaputta solicitan la guía de Buda)

3. Los kalamas, que eran habitantes de Kesaputta, sentados a un lado dijeron al Bendito: "Venerable señor, hay algunos monjes y brahmanes que visitan Kesaputta. Ellos exponen y explican solamente sus doctrinas; desprecian, insultan y hacen pedazos las doctrinas de otros. Otros monjes y brahmanes también, venerable señor, vienen a Kesaputta. Ellos también exponen y explican solamente sus doctrinas; desprecian, insultan y hacen pedazos las doctrinas de otros. Venerable señor, en lo que concierne a ellos tenemos dudas e incertidumbre. ¿Cuál de estos reverendos monjes y brahmanes habló con falsedad y cuál con la verdad?

(El criterio para el rechazo)

4. "¡Kalamas!, es propio para vosotros dudar y tener incertidumbre; la incertidumbre ha surgido en vosotros acerca de lo que es dudoso. ¡Kalamas! No atenerse a lo que ha sido adquirido mediante lo que se escucha repetidamente; o a lo que es tradición; o a lo que es rumor; o a lo que está en escrituras; o a lo que es conjetura; o a lo que es axiomático; o a lo que es un razonamiento engañoso; o a lo que es un prejuicio con respecto a una noción en la que se ha reflexionado; o a lo que aparenta ser la habilidad de otros; o a lo que es la consideración: 'Este monje es nuestro maestro'. ¡Kalamas!, cuando vosotros por vosotros mismos sepáis:

'Estas cosas son malas; estas cosas son censurables; estas cosas son censuradas por los sabios; cuando se emprenden y se siguen, estas cosas conducen al daño y al infortunio', abandonadlas."

(Codicia, odio e ignorancia)

5. "¿Qué pensáis, kalamas? ¿La codicia aparece en un hombre para su beneficio o para su perjuicio?" "Para su perjuicio, venerable señor."

"Kalamas, dado a la codicia, y estando mentalmente sumergido y vencido por la codicia, un hombre mata, roba, comete adulterio y dice mentiras; y así incita a otro a hacer lo mismo. ¿Por mucho tiempo será esto para su daño y su perjuicio?" "Sí, venerable señor."

6. "¿Qué pensáis, kalamas? ¿El odio aparece en un hombre para su beneficio o para su perjuicio?" "Para su perjuicio, venerable señor."

"Kalamas, dado al odio, y estando mentalmente sumergido y vencido por el odio, un hombre mata, roba, comete adulterio y dice mentiras; y así incita a otro a hacer lo mismo. ¿Por mucho tiempo será esto para su daño y su perjuicio?" "Sí, venerable señor."

7. "¿Qué pensáis, kalamas? ¿La ignorancia aparece en un hombre para su beneficio o para su perjuicio?" "Para su perjuicio, venerable señor."

"Kalamas, dado a la ignorancia, y estando mentalmente sumergido y vencido por la ignorancia, un hombre mata, roba, comete adulterio y dice mentiras; y así incita a otro a hacer lo mismo. ¿Por mucho tiempo será esto para su daño y su perjuicio?" "Sí, venerable señor."

8. "¿Qué pensáis, kalamas? ¿Estas cosas son buenas o malas?" "Malas, venerable señor."

"¿Censuradas o alabadas por los sabios?" "Censuradas, venerable señor."

"Cuando estas cosas se emprenden y se siguen, ¿conducen al daño y al infortunio? ¿O como os parece?" "Cuando estas cosas se emprenden y se siguen conducen al daño y al infortunio. Así nos parece esto."

9. "Por lo tanto, dijimos, kalamas, lo que se dijo: '¡kalamas! No atenerse a lo que ha sido adquirido mediante lo que se escucha repetidamente; o a lo que es tradición; o a lo que es rumor; o a lo que está en escrituras; o a lo que es conjetura; o a lo que es axiomático; o a lo que es un razonamiento engañoso; o a lo que es un prejuicio con respecto a una noción en la que se ha reflexionado; o a lo que aparenta ser la habilidad de otros; o a lo que es la consideración: 'Este monje es nuestro maestro.' ¡Kalamas!, cuando vosotros por vosotros mismos sepáis: 'Estas cosas son malas; estas cosas son censurables; estas cosas son censuradas por los sabios; cuando se emprenden y se siguen, estas cosas conducen al daño y al infortunio', abandonadlas."

(El criterio de aceptación)

10. "¡Kalamas! No atenerse… cuando vosotros por vosotros mismos sepáis: 'Estas cosas son buenas, estas cosas

no son censurables; estas cosas son alabadas por los sabios; cuando se emprenden y se siguen, estas cosas conducen al beneficio y la felicidad', entrad y permaneced en ellas."

(Ausencia de codicia, odio e ignorancia)

11. "¿Qué pensáis, kalamas? ¿La ausencia de codicia aparece en un hombre para su beneficio o para su perjuicio?" "Para su beneficio, venerable señor."

"Kalamas, no dado a la codicia y no estando mentalmente sumergido y vencido por la codicia, un hombre no mata, no roba, no comete adulterio y no dice mentiras; y así incita a otro a hacer lo mismo. ¿Por mucho tiempo será esto para su beneficio y felicidad?" "Sí, venerable señor."

12-13. "¿Qué pensáis, kalamas? ¿La ausencia de odio…? La ausencia de ignorancia…"

14. "¿Qué pensáis, kalamas? ¿Estas cosas son buenas o malas?" "Buenas, venerable señor."

"¿Censurables o no censurables?" "No censurables, venerable señor."

"¿Censuradas o alabadas por los sabios?" "Alabadas, venerable señor."

"Cuando estas cosas se emprenden y se siguen, ¿conducen al beneficio y la felicidad o no? ¿O cómo os parece?" "Cuando estas cosas se emprenden y se siguen conducen al beneficio y la felicidad. Así nos parece esto."

15. Por lo tanto, dijimos, kalamas, lo que se dijo: (como en el punto 9).

(Las cuatro moradas exaltadas)

16. "El discípulo de los nobles, kalamas, que en esta forma está libre de codicia, libre de rencor (mala voluntad), libre de ignorancia, claramente comprendiendo y atento, permanece, habiendo difundido con el pensamiento de amistad un primero; de la misma manera el segundo; de la misma manera el tercero; de la misma manera el cuarto; así también arriba, abajo y en derredor; él permanece, habiendo difundido debido a la existencia en el [espacio] de todos lo seres vivientes, por doquier, el mundo entero, con el gran exaltado, ilimitado pensamiento de amistad que está libre de malicia u odio."

"Él vive, habiendo difundido, con el pensamiento de compasión... con el pensamiento de gozo solidario... con el pensamiento de ecuanimidad... ilimitado pensamiento de ecuanimidad que está libre de malicia u odio."

(Los cuatro consuelos)

17. "El discípulo de los Nobles, kalamas, que tiene tal mente libre de odio, tal mente libre de malicia, tal mente libre de mancha, tal mente purificada, es uno que encuentra cuatro consuelos aquí y ahora."

"'Suponed que hay un más allá y que hay fruto, resultado, de acciones buenas y malas. Entonces, es posible que en la disolución del cuerpo, después de la muerte, apareceré en el mundo celestial, el cual posee el estado de gozo.' Éste es el primer consuelo que encuentra."

"'Suponed que no hay más allá y que no hay fruto, resultado, de acciones buenas y malas. Sin embargo en este mundo, aquí y ahora, libre de odio, libre de malicia, seguro, saludable y contento me mantengo.' Éste es el segundo consuelo que encuentra."

"'Suponed que resultados malos caen sobre un hombre que actúa mal. Yo, sin embargo, pienso en no hacerle mal a nadie. ¿Entonces, cómo es posible que resultados malos me afecten si no hago malas obras?' Éste es el tercer consuelo que encuentra."

"'Suponed que resultados malos no caen sobre un hombre que actúa mal. Entonces, de todos modos me veo purificado.' Éste es el cuarto consuelo que encuentra."

"El discípulo de los nobles, kalamas, que posee tal mente libre de odio, tal mente libre de malicia, tal mente sin mancha, tal mente purificada, es aquel para el cual, aquí y ahora, cuatro consuelos encuentra."

"¡Maravilloso, venerable señor! ¡Maravilloso, venerable señor! Venerable señor, es como si una persona tornara boca arriba aquello que está boca abajo, o como si descubriera lo que está cubierto, o como si enseñara el camino a alguien que se encuentra perdido, o como si llevase un lámpara en la oscuridad pensando 'Aquellos que tengan ojos verán objetos visibles', así ha sido presentado el dharma en muchas formas por el Bendito.

Venerable, señor, nosotros acudimos a tomar refugio en el Bendito, a tomar refugio en el Dharma, y a tomar refugio en la comunidad de bhikkhus. Venerable señor, permita el Bendito considerarnos como seguidores laicos que han tomado refugio por vida, a partir de hoy."

III. Ocho estrofas para el Adiestramiento de la mente.
Langri Tangpa (1054-1123)[305]

1. Con la determinación de conseguir
   El más alto bienestar para todos los seres conscientes,
   Quienes superan en valor a una joya que colma
   todos los deseos,
   Aprenderé a considerarlos como lo más querido.

2. Cuando me asocie con otros aprenderé
   A pensar en mí mismo como el más bajo de todos
   Y desde lo más profundo de mi corazón,
   Respetuosamente, tendré a los demás como supremos.

3. En todas las acciones aprenderé a buscar en mi
   mente
   Y, en cuanto surja una emoción aflictiva
   Poniéndome en peligro a mí y a otros,
   La afrontaré y la apartaré con firmeza.

4. Aprenderé a amar a los seres de mala naturaleza
   Y a los que están apremiados por fuertes pecados y su-
   frimientos
   Como si hubiese encontrado un precioso tesoro
   Muy difícil de hallar.

5. Cuando por celos los demás me traten mal
   Con abuso, calumnias y otros actos semejantes,
   Aprenderé a asumir toda derrota
   Y ofrecerles a ellos la victoria

---

[305] Tensin Gyatso, El XIV Dalai Lama, *Un acercamiento a la mente lúcida*, 1994, ediciones Dharma, España. Las estrofas inician de la página 121 y terminan en la 130.

6. Cuando uno al que con gran esperanza yo he
beneficiado
Sin razón me causa mucho daño,
Aprenderé a verlo
Como a un excelente guía espiritual.

7. En resumen, a todo el mundo sin excepción
Aprenderé a ofrecerle
Toda la ayuda y felicidad, directa e indirectamente,
Y con respeto asumiré en mí
Todo el daño y sufrimiento de mis madres.[306]

8. Aprenderé a mantener todas estas prácticas
Limpias de las manchas de las ocho concepciones mundanas
Y comprendiendo todos los fenómenos como si
fueran ilusiones
Seré liberado de los lazos del apego.

---

[306] Aquí la idea de asumir todo el "sufrimiento de mis madres"; corresponde al principio de la reencarnación; los seres humanos han reencarnado tantas veces que es muy probable que todo ser animado existente hoy en día haya sido nuestra madre en una de las vidas pasadas. Esta idea no se enmarca en la ortodoxia del budismo tibetano, es más bien una manera de hacer brotar amor y compasión hacia todos los seres; en cierto sentido se puede decir que es un artificio para generar estimación hacia los demás.

IV. Ceremonia para generar una mente de bodhichitta[307]

A. Siete pasos preliminares a la práctica para generar bodhichitta

Primer paso: *homenaje*

Se rinde homenaje al Buda, reflexionando sobre las cualidades de su cuerpo, su discurso y su mente. Nos postramos frente a Buda, como demostración máxima de respeto, rendimos también homenaje a las cualidades de Buda que todos tenemos en nuestro interior.

Segundo paso: *ofrenda*

Se ofrecen objetos materiales o imaginamos que estamos regalando, preciosos objetos a la asamblea sagrada de Buda, que se visualiza frente a uno. Principalmente ofrecemos nuestra práctica espiritual. Se puede ofrecer también la virtud de nuestros actos de mente, palabra y físicos.

Tercer paso: *confesión*

Se reconocen las acciones negativas y errores cometidos; y se expresa un profundo arrepentimiento con la firme promesa de no volver a cae en ellos.

---

[307] Dalai Lama, *El arte de la compasión*, 2002, editorial Grijalbo, España, pp. 109 a la 114. Se hicieron algunos cambios y ajustes; pero las ideas centrales del Dalai Lama sobre esta práctica se respetaron de manera íntegra.

Cuarto paso: *júbilo*

Ahora nos concentramos en nuestras acciones pasadas virtuosas, lo cual nos llena de alegría; generamos un alegre sentimiento de satisfacción. También identificamos acciones virtuosas de otros que también nos llenan de alegría.

Quinto paso: *petición*

Pedimos a Buda que gire la rueda de las enseñanzas del Dharma, para que todos nos veamos beneficiados de su sabiduría y gran compasión universal.

Sexto paso: *súplica*

Suplicamos a Buda para que nadie busque el nirvana sólo para sí mismo; cultivamos el sincero deseo de que todo ser viviente logre encontrar las causas de la felicidad y elimine las causas del sufrimiento, y así todos podamos arribar al nirvana.

Séptimo paso: *dedicación*

Todo el mérito positivo que se ha creado al practicar con mente lúcida y corazón abierto los pasos anteriores, se dedican a la consecución del estado de buda tanto para uno mismo como para todos los demás, sin discriminar, amigos, enemigos y desconocidos.

B. Generación de la mente altruista, de Bodhichitta:[308]

Con el deseo de liberar a todos los seres
Siempre iré en pos del refugio
Del Buda, el dharma y el sangha.

Extasiado ante la sabiduría y la compasión
Hoy en presencia del Buda
Genero que la mente desee el despertar absoluto
Para beneficio de todos los seres sintientes.

Hasta que permanezca el espacio,
hasta que permanezcan los seres sintientes,
hasta entonces, permaneceré yo también,
y disiparé las miserias del mundo.

---

[308] Esta estrofa pertenece al último capítulo del libro de Shantideva titulado *Guía de las obras del bodhisattva*, también traducido como *La presentación de la conducta del bodhisattva* y como *La marcha hacia la Luz*.

V. Meditación sobre los seis elementos de Sangharakshita[309]

(Antes de esta meditación, es recomendable hacer alguna meditación de calma mental y estabilización interna, ya sea por medio de la atención a la respiración o al momento presente.)

Primer elemento
Tierra

El elemento tierra existe en el mundo exterior y además en mi mundo interior, es decir, en el mundo subjetivo que me conforma. Mis huesos y mi carne se derivan del elemento tierra. ¿De dónde vienen mis huesos, mi carne, mis músculos y demás sólidos que me conforman?

Vienen del elemento tierra que se encuentra fuera de mí. No son míos, los he tomado prestados por un periodo corto del elemento tierra fuera de mí y los he incorporado a mi ser, a mi propia sustancia, a mi propio cuerpo, pero tomo conciencia de que no podré poseerlos y tenerlos siempre. Después de unas cuantas décadas, después de unos cuantos años, tarde o temprano tendré que devolver el elemento tierra en mí. El elemento tierra en mi cuerpo se mezclará con el elemento tierra del mundo objetivo. ¿Cómo puedo

---

[309] Esta meditación no pertenece a la tradición de las prácticas que realiza el Dalai Lama, pero nos parece que complementa muy bien el aspecto de la vacuidad y el desapego. La meditación sobre los seis elementos es un excelente antídoto contra el egocentrismo y la soberbia, pues convierte en polvo todo aquello que el yo considera sólido, estable y permanente, obligando a la conciencia individual a regresar a su punto de origen: a la conciencia universal. Autor: Sangharakshita, *¿Quién es el Buda?*, editorial Tres Joyas, España, 1994. De la página 166 a la 168. Se realizaron ligeros cambios del texto original.

decir que ese elemento tierra es mío?... estoy dispuesto a devolverlo. No soy el elemento tierra, ni puedo afirmar que es
mío. Tampoco puedo identificarme con él.

Segundo elemento
Agua

El elemento agua se centra en cualquier cosa que es líquida
y que fluye. En el mundo exterior es posible hallarlo en los
ríos, en los océanos, en las lluvias, en el rocío, en los manan-
tiales; también se encuentra dentro de nosotros: en la sangre,
en la bilis, en las lágrimas, en la orina, ¿de dónde provienen
todos mis estados líquidos?

Han venido del elemento agua que se encuentra fuera de
mí. No es mío, lo he tomado prestado por un periodo corto del elemento agua fuera de mí y lo he incorporado a mi
ser, a mi propia sustancia, a mi propio cuerpo, pero no podré poseerlo y tenerlo para siempre. Después de una cuantas
décadas, después de unos cuantos años, tarde o temprano,
tendré que devolver el agua. El elemento agua en mi cuerpo
se mezclará con el elemento agua del mundo. ¿Cómo puedo
decir que el elemento agua es mío o que soy el elemento
agua? Tengo que devolverlo. Está bien... estoy dispuesto a
devolverlo. Tampoco puedo identificarme con él. Cuando
fallezca, tendré que regresarlo al sitio de donde vino. No me
pertenece, con sensatez y amor permitiré que se vaya.

Tercer elemento
Fuego

En el mundo exterior el fuego es el sol, una fuente de calor y
luz en el universo. Hay calor en mi cuerpo, ¿pero de dónde viene? Viene del elemento fuego del mundo exterior. Un

día tendré que devolverlo, no puedo poseerlo por mucho tiempo. Cuando me muera me enfriaré. El calor desaparecerá, éste abandonará mi cuerpo. El elemento calor en mí, que de momento ayuda al funcionamiento de mi cuerpo, realmente no es mío. No me pertenece y no puedo identificarme con él. Dejaré que se vaya. Dejaré que el calor de mi cuerpo regrese al calor del universo de donde provino.

Cuarto elemento
Aire

Hay aire en el mundo exterior; está en la atmósfera que envuelve el planeta. En mí encuentro el aire que respiro para vivir. Sin embargo, lo he tomado prestado por un periodo corto. No es mío. Llegará el momento en que inhale, exhale, inhale, exhale... y no vuelva inhalar. Habré muerto y ya no quedará aire en mi cuerpo. Lo habré devuelto por última vez. No puedo decir que me pertenezca el elemento aire que hay en mí. Le permito marcharse y dejo de identificarme con él.

Quinto elemento
Espacio

El cuerpo está formado por cuatro elementos con los que me identifico... tierra, agua, fuego y aire, pero además ocupo un espacio. Cuando el elemento tierra se vaya de mi cuerpo y cuando también se vayan los elementos agua, fuego y aire ¿qué quedará de mí? No quedará nada en absoluto. Tan sólo permanecerá el espacio vacío del espacio de alrededor. No hay nada que lo diferencie.

Cuando el cuerpo se desintegre, el espacio que ocupaba el cuerpo físico se mezcla con el espacio universal. Dejamos de existir y por lo tanto ya no es posible aferrarnos al cuerpo físico que en este momento ocupa un espacio. No podemos. Con ecuanimidad y paz interna dejo que el espacio que ocupo se mezcle con el espacio universal.

Sexto y último elemento
Conciencia

Se trata de la conciencia asociada al cuerpo físico. Aunque ya no sea tierra, agua, fuego, aire ni espacio, seguramente soy conciencia, quedará la conciencia. Pero no... también he tomado prestada la conciencia. La conciencia es una especie de reflejo, es el destello de la conciencia superior universal, que en cierto sentido en estos momentos forma al yo, pero que en otro sentido no lo forma. Es como la relación del espacio despierto con el espacio dormido. Cuando estoy despierto, puedo tener el pensamiento de que tuve un sueño, pero cuando estamos soñando, ¿dónde estoy? Es como si el sueño me tuviera ahora a mí.

La conciencia está ahí, pero el ego desaparece cuando fallecemos. Incluso, la individualidad en ese sentido del yo se desvanece completamente. La conciencia inferior de mi yo se mezcla y desaparece en la conciencia superior; aunque al ser conciencia, mi flujo mental, no es destruida... no se trata de una pérdida de conciencia, sino que simplemente la conciencia deja de estar centrada en el ego y en el yo. Aunque al mismo tiempo, nunca antes habíamos sido nosotros mismos de una manera tan plena. La conciencia de mi ego desparece, pero la conciencia del flujo mental se integra de donde viene, del flujo eterno de las energías del universo y de los seis elementos que lo forman: tierra, agua, fuego, aire, espacio y conciencia.

(Así es, así será... y estoy en paz al aceptar el flujo de las energías con las que nacemos, crecemos y morimos; y al experimentar, con tranquilidad y objetividad, la realidad de la impermanencia, la insatisfacción y lo insustancial del mundo en que vivimos.)

VI. Compromisos de la práctica de transformación del pensamiento[310]

No desatiendas, no contradigas ninguna promesa que hayas hecho.

No permitas que tu práctica de transformación del pensamiento fomente la arrogancia.

No te permitas incurrir en parcialidad con los demás.

Mantén una conducta externa natural que sea aceptable para los demás, mientras transformas interiormente tu mente.

No hables de las faltas de los demás.

No pienses en los fallos de los demás, ni siquiera cuando seas testigo de ellos.

Aplica con mayor insistencia antídotos a las ilusiones engañosas que sean mayores para ti.

Abandona toda esperanza de recompensa personal por tu práctica en la transformación del pensamiento.

No dejes que contaminen tus acciones positivas los venenos de la actitud de apego al yo ni los pensamientos que se aferran a la existencia intrínseca de las cosas.

No guardes rencor por aquellos que te han causado daño.

No pagues con la misma moneda a aquellos que te riñan.

---

[310] Dalai Lama, El camino del gozo, José J. de Olañeta Editor, Mandala, España, 2001. De la página 195 a la 196. Se realizaron cambios del estilo español clásico a un castellano más ligero y costumbrista.

No tomes represalias cuando alguien te haga daño.

Abstente de cualquier acción dañina para el cuerpo y la mente de los otros.

No culpes a los otros de tus fallos y defectos.

Abandona la tendencia egoísta de apropiarte de las pertenencias comunitarias para el lucro personal.

No emprendas la práctica de transformación del pensamiento sólo por el deseo de que te proteja de las fuerzas maléficas.

No dejes que tu práctica de la transformación del pensamiento te envanezca ni te haga soberbio.

Elimina el móvil ulterior por el que deseas que otros sufran sólo para tu propia felicidad.

VII. Meditación de tong-len[311]

Preliminares

Primer paso

Por algunos momentos, nos sentamos y procuramos estabilizar la mente por medio de la concentración en la respiración: exhalando, inhalando... más delante, solamente nos ubicamos como observadores de las sensaciones, percepciones, emociones y pensamientos que están sucediendo en este preciso momento.

Segundo paso

Visualizamos el "yo normal" como un sujeto insensible al sufrimiento y que centra su interés en uno mismo. Lo aceptamos así.

---

[311] La meditación *tong-len* es la práctica más hermosa y usual en el budismo tibetano; quizá sea la meditación más experimentada por el Dalai Lama. Se trata de una visualización donde se espera que el pensamiento, la compasión y la sabiduría modifiquen el estado de cosas de las personas. El *tong-len* es una práctica mayor de transformación del sufrimiento de uno y de los demás, para el bienestar y la felicidad que se realiza por medio de la visualización mental. Shantideva en su obra *Guía del modo de vida del Bodhisattva* presenta esta meditación de forma sistemática. En resumen, el *tong-len* es una meditación de visualización que destruye de raíz el egocentrismo y cultiva, en su máxima expresión, la bondad y la compasión. Algunos de los pasos meditativos que a continuación se presentan están contenidos en el libro del Dalai Lama *Transforma tu mente*, editorial Martínez Roca, España, 2001, pp. 145 y 146.

Tercer paso

Imaginamos a un grupo de seres que en estos momentos sabemos claramente que están sufriendo ya sea por una guerra, una catástrofe natural, o por enfermedades agudas. Nos enfocamos en una o varias personas que están bajo esa situación de tormento. Ahí nos estabilizamos por varios minutos.

Cuarto paso

Nos figuramos como una tercera persona neutral o como un observador imparcial que procura evaluar a quién corresponde la prioridad de atenciones: al "yo natural" o a la persona o personas que están sufriendo en demasía. Nos sensibilizamos imaginando que nuestro corazón es Luz Clara, compasión y ternura, y de ese modo comprendemos los límites del egocentrismo y nos damos cuenta de que el enfocar las energías hacia el bienestar de otros seres sufrientes es mucho más justo, racional y satisfactorio.

Quinto paso

Como consecuencia de las anteriores visualizaciones, nuestro corazón y nuestra mente sienten afinidad gradualmente, empatía e identificación con el sufrimiento y el dolor de las otras personas.

Inicio de la meditación de tong-len (tomar y dar)

Sexto paso

Nos olvidamos totalmente del yo y damos toda la atención al ser o seres sufrientes a tal grado que ese sufrimiento nos parece insoportable e intolerable. Para ayudar a disminuir ese sufrimiento, hasta eliminarlo, visualizamos que asumimos (inhalamos) ese sufrimiento, ya sea físico, emocional o mental... y lo transformamos llevándolo hacia dentro de nuestro corazón que se encuentra abierto, luminoso y sensible; asumimos sus causas y condiciones aspirándolas como humo negro que se disuelve en nuestro corazón de compasión y sabiduría, de Luz Clara.

Séptimo paso

Nos imaginamos ahora que nuestras cualidades de amor, compasión, gozo y ecuanimidad adoptan la forma de una intensa luz blanca y asumimos que esa energía se la pasamos al ser o seres sufrientes al exhalar. Nos nace un fuerte sentimiento de compartir felicidad, bienestar y satisfacción con los otros, transmitimos nuestros méritos a esas personas doloridas y con ello las visualizamos más contentas, relajadas y felices.

Octavo y último paso

Al inhalar, tomo el sufrimiento de una persona, o varias, que se encuentran en estos momentos en una dolorosa situación. Al exhalar, doy bienestar y tranquilidad a esa persona, o a esas personas, para que estén bien, felices y en paz.

Así nos quedamos inhalando y exhalando tantas veces como nos sea posible...

Ésta es la manera adecuada, aunque no única, de practicar la visualización meditativa del dar y tomar (*tong-len*).

Estimado lector: si usted desea que el autor imparta
conferencias, talleres o cursos sobre el presente libro,
o de algún tema en particular,
por favor consulte la página web:

www.kalamas.org.mx

o escriba a:

budismokalamas@gmail.com

Gracias.